本书为教育部人文社会科学研究一般项目"听觉输入变异性对英语元音表征构建质量的影响研究"(22YJC740026)的阶段性成果

外语词语听觉内隐记忆研究

Investigation into Auditory Implicit Memory for EFL Vocabulary

姜 帆 著

上海交通大学出版社
SHANGHAI JIAO TONG UNIVERSITY PRESS

内容提要

　　本书以大学英语学习者为研究对象,通过四项实验考察听觉启动认知机制在母语和外语词语音位表征加工中的作用,并考察语音特定性、加工水平和词语呈现方式对听觉启动的影响。本书总结了听觉启动的特点,为如何利用听觉启动构建正确、稳定的外语词语语音表征提出了建议。本书适合外语专业研究生和外语研究者参考阅读。

图书在版编目(CIP)数据

　　外语词语听觉内隐记忆研究/ 姜帆著. —上海:
上海交通大学出版社,2022.11
　　ISBN 978 - 7 - 313 - 27390 - 1

　　Ⅰ. ①外… Ⅱ. ①姜… Ⅲ. ①外语－词汇－记忆术－
研究 Ⅳ. ①H03

　　中国版本图书馆 CIP 数据核字(2022)第 162701 号

外语词语听觉内隐记忆研究
WAIYU CIYU TINGJUE NEIYIN JIYI YANJIU

著　　者:姜　帆
出版发行:上海交通大学出版社　　　　　　　地　　址:上海市番禺路 951 号
邮政编码:200030　　　　　　　　　　　　　电　　话:021 - 64071208
印　　制:上海万卷印刷股份有限公司　　　　经　　销:全国新华书店
开　　本:710mm×1000mm　1/16　　　　　　印　　张:12.25
字　　数:185 千字
版　　次:2022 年 11 月第 1 版　　　　　　　印　　次:2022 年 11 月第 1 次印刷
书　　号:ISBN 978 - 7 - 313 - 27390 - 1
定　　价:88.00 元

前言 | Foreword

改革开放以来,外语教学一直受到国家和社会的重视。培养学生良好的外语能力对在人类命运共同体建设中帮助我们讲好中国故事、传播中国好声音和贡献中国智慧具有重要的作用。大量二语习得研究者和外语教师采用多种方法考察学习者因素、教学因素和社会因素等对二语学习的影响,试图提高外语教学的成效和质量。相关研究已取得了丰硕的成果,并提出了本土化的外语教学理论。

目前,外语教学研究大多关注学习者的外显记忆。外显记忆中储存的是陈述性知识,即人们能够说出的具体知识。与之相对,内隐记忆中储存的是过程性知识,即完全自动化了的陈述性知识。外显记忆的提取需要意识的参与。然而,内隐记忆的提取则无须意识参与,即不受人为控制。与外显记忆相比,内隐记忆具有自动性和稳定性,在外语学习中发挥重要作用。然而,针对内隐记忆在外语学习中的作用的研究还有待加强。

鉴于此,本研究考察外语词语的听觉内隐记忆,旨在揭示外语词语音位表征的构建和提取机制、过程和影响因素,以便采取相应措施帮助学习者构建正确、牢固的外语词语音位表征,从而克服其在外语词语听力理解和口语产出上存在的困难。希望本研究的成果能与外语词语外显记忆的研究成果一起构建一个系统、完整的外语词语习得理论。

本书共分6章。

第1章,绪论。主要介绍研究背景、研究必要性和研究意义,指出外语教学中常常忽视内隐记忆的重要作用。外语课堂教学方法主要采取外显的方式,使学生注意目标语言形式的存在。然而,外语词语的语音表征和形式表征常常是在无意识的情况下自动构建的。因此,应考察外语学习者如何利用内隐记忆构建外语词语的语音表征。

第2章,文献综述。首先阐述外显记忆与内隐记忆的定义、区别和测量方法,重点描述内隐记忆的测试分类和测量任务。根据前人词语内隐记忆研究考察的主要变量(语音类型、加工水平和呈现方式),对与本研究相关的文献进行系统的梳理与描述。其次对听觉通道和视觉通道中的内隐记忆研究理论进行解读与讨论。最后对外语词语听觉内隐记忆的研究成果进行述评并提出本研究考察的四个自变量。

第3章,研究方法。主要提出研究问题,具体说明被试选取与分组、实验材料的选择与录音、实验设计、实验设备与程序、实验过程、数据统计与分析方法。

第4章,结果与分析。主要报告、分析各项实验的结果。首先按照实验顺序依次对各项实验的实验设计和研究假设进行简要描述,然后采用描述性统计、重复测量方差分析、独立样本 t 检验、配对样本 t 检验和皮尔逊相关等统计方法对各项实验的数据进行统计和分析。

第5章,讨论。首先结合四项实验的研究问题、研究方法和实验结果,对实验二、实验三和实验四的结果进行讨论。然后根据实验一结果,并结合实验二、实验三和实验四的结果及前人母语和外语词语听觉启动研究对本研究的发现进行总体讨论。

第6章,总结。归纳研究发现,指出本研究在理论、教学和研究方法上的启示;分析本研究的不足,提出下一步的研究问题。

在本书的写作过程中,本人得到了家人、同事、朋友的大力支持。首先,特别感谢上海交通大学出版社的赵斌玮编辑和何勇编辑对书稿的反复校对,并提出宝贵的修改意见。感谢东北师范大学刘永兵教授、美国俄克拉荷马州立大学心理学系的 Shelia Kennison 教授、日本冈山大学教育学研究科的濑田幸人教授等众多老师和前辈的大力支持和对书稿提出的修改意见和建议。感谢宁波工程学院何继修老师不辞辛苦地校对书稿。同时,感谢宁波工程学院科技处老师、领导和同事的大力支持与帮助。

虽然力求客观科学,然而本书中仍可能存在诸多不足。敬请同行专家和广大读者批评指正。希望本书能为我国的外语教学研究与实践贡献绵薄之力。

目录 | Contents

表目录

图目录

第1章
绪　论

　　无论母语还是外语,学习任何语言都必不可少地要学习该语言的子系统,即语音、形态、句法和语义等。词语习得是句法和语音发展的基础(Beckman,Edwards,2000),因此词语是语言理解和使用的核心(Hunt,Beglar,2005)。外语①学习者和母语者之间最大的区别在于两者掌握的词语数量不同(Laufer,1998)。目前,大量研究者采用课堂观察、调查和实验等研究方法对外语学习者的词语知识(例如:Nation,2005;Laufer,Goldstein,2004;Webb,2021;Masrai,2022)、性别和年龄等个体因素(例如:Henning,2003;Pulido,2003)、语境(例如:Kojic-Sabo,Lightbown,1999;张萍、陈艳艳 & 陈颖园,2018;Teng,2019)、学习动机(刘巍,2010;Papi,2018;Chen,2019;孙思佳、孟海蓉,2021)和学习方式(Peters,Webb,2018;Lee,Lin,2019)等在词语习得中的作用等进行了研究,并取得了丰硕的成果。随着研究的不断深入,越来越多的研究者已不满足于只了解学习者对外语词语知识的掌握程度和习得过程,而是试图了解词语在大脑中加工、储存和提取的过程以及词语习得的认知机制(Jiang,Kennison,2022)。因此,词语心理表征的本质(例如:Singleton,2007;Navracsics,2007;陈艳艳、张萍,2018)和心理词库的内在结构与通达方面的研究(例如:Meara,2005;Altarriba,2006;姜帆,2016;王云、刘新芳,2018)正在逐渐增多。

　　英语是世界上使用最广泛的语言。据统计,2022 年全球约有 15 亿人将英语作为母语或者外语(Szmigiera,2022)。英语在中考、高考等各类考

---

　　① 本文中,除特殊说明外,"外语"均指英语。

试中所占的分值都比较大,因此学习者在英语学习上花费了大量的时间。在听、说、读、写四项语言技能中,学习者通常认为听力是最难培养的技能(Graham,2003)。大多数外语学习者能够习得外语词语的语义(Horst,Meara,1999),但无法正确识别和产出外语词语的语音(Flege,Yeni-Komshian & Liu,1999;姜帆、刘永兵,2016),即大多数学习者能够看懂却无法听懂相同的外语词语。同时,部分学习者在外语词语发音方面也存在问题:或无法正确朗读词语,或发音具有明显的外国人口音(foreign accent)(Flege et al.,1995)。例如,我国英语学习者因受汉语母语语音负迁移的影响,常常无法区分一些外语中的对立音,如/e/和/æ/,这不仅影响外语语音心理表征,导致其心理词库不稳固,也影响其口语词汇的语义通达(杨枫、吴诗玉,2015)。那么,导致这些现象的原因何在呢?

在外语词语教学与学习中,教师和学习者主要强调外显记忆(explicit memory)(Nation,2005),通过语义精加工和重复等外显记忆策略将词语的音、形、义等信息储存在长时记忆中以便之后提取使用(Brown,Perry,1991)。但因受到学习材料干扰和时间推移等因素的影响,部分先前学习的词语常常出现被遗忘的现象(Ecke,2004)。与外显记忆相对,内隐记忆(implicit memory)是指人们在无意识的条件下对大脑中已存知识表征的提取(Graf,Schacter,1985)。雷伯在一系列的实验中发现被试在无意识的情况下能够习得语法规则的证据,并将该现象称为内隐学习(Reber,1967)。内隐学习是指人对环境结构知识无意识的习得过程(Dienes,2012)。可见内隐记忆与内隐学习异名同实。内隐知识被认为是语言认知的基础,人们从接触语言的经历中附带习得语言,而几乎不需要外显的教学(explicit teaching)(Rohrmeier,Rebuschat,2012)。因此,母语习得和外语学习被认为是内隐学习最好的例子(Loui,2011)。

内隐记忆一般是通过测量启动效应来完成的。启动(priming)是指在实验的学习阶段接触词语的经历能够促进之后相同词语的再识别(Tulving,Schacter,1990)。例如,当人们第二次听到"computer"一词时,该词语被提取和加工的速度比第一次听到该词语时的提取和加工速度更快。基于母语词语听觉内隐记忆研究的成果,听觉启动被认为是一种母语词语加工和习得的认知机制,特别是在母语词语音位表征的构建中听觉启动发挥了重要的作用(Church，Fisher，1998)。其证据在于：首先，听觉启动无须通达词语意义，因此它能够反映学习者构建和使用词语音位表征的过程(Woodward，Markman，1997)。其次，听觉启动效应量的大小取决于词语之间的知觉匹配程度，它是构建和使用语境特定的词语音位表征①的结果(Goldinger，1996)。最后，听觉启动具有持久性和稳定性(Pilotti，Beyer，2002)，因此它可以自动地对词语的音位表征进行编码和提取(Jiang，Kennison，2022)。

听觉启动的这些特点使得儿童能够在习得母语词语时完成两个相关的任务(Church，Fisher，1998)。首先，儿童能够利用听觉启动识别反复出现的语音形式或声音类型，并赋予同一语音形式以同一意义。这种能够在不同语境中识别词语语音形式的能力使得儿童体会到词语的语音形式在使用中存在变异。这有助于儿童在大量的语境中将词语的语音形式与意义进行一致性匹配(Fisher et al.，1994)。其次，在构建词语音位表征时，儿童能够利用听觉启动充分表征词语的听觉和语境信息，以便在之后的多种情况下识别它们(Ryalls，Pisoni，1997)。

语音结构知识是随着词语学习而出现的，即语音结构知识是学习者接触语言的副产品(Broe，Pierrehumbert，2000)。针对婴儿、儿童和成人的知觉言语加工研究发现，儿童和成人均能够从有限的语言输入中习得词语的语音序列结构(Saffran et al.，1999)。由母语音位表征构建的过程可知，母语词语音位表征和人的内隐知识有关(Pierrehumbert，1990)。外语词语的词形(语音和正字法)、词性及搭配等信息也是以内隐的方式习得的(Ellis，1994)。可见，无论母语还是外语，词语的音位表征都是通过内隐的方式构建的。

外语词语学习包括语音和语义学习两个部分。外语学习者跟母语习得者一样，在听取语言输入时，首先，需要构建词语语音形式的长时表征，并将该音位表征与其所指的事物相联系，即进行音义结合(Aitchison，2003)。其次，在音义结合的基础上不断增加其他相关知识以形成词语网络。最后，使用完整的词语表征在不同的语境中识别和产出词语(Fisher et al.，

---

① 音位表征是指长时记忆中储存的词语的语音信息(Sutherland，Gillon，2005)。

1994)。

　　然而,外语学习者是否跟母语习得者一样能够利用听觉启动的认知机制构建外语词语的音位表征呢? 学习者构建的外语词语音位表征是否受到母语语音系统的影响呢? 在我国,学习者接受的外语输入主要来源为课堂中的外语教师。但是大部分外语教师为非英语母语者,即外语教师产出的语言同为中介语。加之相当一部分外语教师的口语能力比较有限,其英语发音与英语母语者发音具有一定的差距。另一部分外语输入主要来源为外籍教师的授课或由英语母语者朗读的词语、短文或对话录音。这部分输入中的英语词语发音标准,但学习者接受这类输入的机会较少。可见我国学习者接受的两种外语输入在质和量上均存在着一定的差异。那么,学习者在听取外语词语时,其构建的音位表征受到哪一部分人的影响更大呢? 外语学习者构建的词语音位表征包括抽象的信息还是具体的信息呢? 这些问题的解答不仅有助于揭示外语学习者构建的音位表征的本质,而且有助于解释语音迁移现象,即学习者的母语语音系统对外语语音系统无意识的影响(Best,McRoberts,& Goodell,2001)。同时,解决这些问题也有助于我们采取相应措施帮助学习者构建正确、牢固的外语词语音位表征,从而克服其在外语词语听力理解和口语词语产出上存在的困难。

　　此外,学习者在听取语言输入时一般利用自上而下(Smith,1982)或自下而上(LaBerge,Samuels,1974)或两者相结合的方式(Vandergrift,2007)进行语义理解。当采用自上而下的理解方式时,学习者根据已有的背景知识、图片提示和题目等信息将注意力主要集中在输入的意义上。当采用自下而上的理解方式时,学习者首先对输入中的词语语音形式进行解码,然后通达词语意义表征进行语义理解。当听觉输入中出现学习者不熟悉的词语时,其注意力主要集中在该词语的语音形式上,因为无法将该语音形式与其代表的意义进行匹配(姜帆、刘永兵,2015)。人们可以在不同的加工水平上对信息进行知觉、编码、储存和使用(Craik,Lockhart,1972)。只有对语言信息进行深入的语义分析才能构建词语的长时表征。然而,母语词语听觉启动研究表明,听觉启动不受词语加工水平的影响(Church,Fisher,1998)。那么外语学习者对听觉输入中的词语采取不同的加工操作时,即浅加工(形式加工)或深加工(语义加工)时,加工水平对外语词语的听觉启动将产生何种影响呢？有研究表明，对外语词语进行深加工时，听觉启动效应将大幅减小或消失（Trofimovich，Gatbonton，2006），但目前只有较少的研究采用以汉语为母语的人群为被试，考察不同的加工水平对其听觉内隐记忆的影响（黄亚洲，2019）。

除上述外，学习者听取的外语词语一部分是孤立出现的，如教师或录音带朗读的单个词语（如朗读词语表）。但绝大多数词语出现在有上下文的语境中，如对话、独白或短文等。那么，词语呈现方式（听取方式）对外语词语的听觉内隐记忆是否产生不同的影响呢？哪一种听取方式更有利于促进词语的听觉内隐记忆呢？该问题与外语教学具有十分紧密的联系。解决该问题有助于为学习者提供对其听觉内隐记忆更具有促进性的听取方式，加快其外语词语音位表征的构建并提高其音位表征的通达性，最终促进其外语词语的习得速度。

1.1　研究的必要性

首先，无论母语词语研究（如：Rumelhart，Norman，1988）还是外语词语习得研究（如：Potter et al.，1984；张萍、方南，2020），其焦点均集中在语义上，主要考察词语如何融入概念系统。虽然这类研究有助于我们了解词语概念的习得过程，然而对于词语的语音形式在外语词语学习中发挥的作用这一问题，这类研究似乎无法提供答案。同样，它们也无法揭示词语音位表征的构建机制和提取过程（Trofimovich，2003）。词语知识不仅包括其语义，而且还包括其语音结构。一个完整的词语习得理论，无论是母语还是外语应涵盖语音和语义的习得机制。研究外语词语内隐记忆有助于揭示外语词语音位表征的构建和提取机制、过程及其影响因素。同时，也有利于揭示外语词语学习中语音与语义的互动关系。从更大的层面上讲，外语词语内隐记忆的研究成果将与外语词语外显记忆的研究成果一起构建一个完整的外语词语习得理论。

其次，母语词语习得研究表明，听觉词语的记忆效果比视觉词语的记忆效果更好（Gathercole，Conway，1988）。Brand，Jolles（1985）通过延迟回忆任务发现，外语学习者对听觉呈现的词语的反应速度和正确率均显著快于和高于视觉呈现的词语。这说明无论是母语还是外语,听觉词语的提取比视觉词语的提取更加容易。由此可见,培养外语听力能力对外语词语学习的重要性。外语听力发展的理想目标是能够让学习者通过听觉输入学习外语(Rost,2001)。然而,外语听力方面的研究与对其他外语技能的研究相比一直数量较少(Vandergrift,2007)。鉴于外语听力的重要性和难度,有必要对听觉词语的习得进行深入研究。

最后,外语词语听觉内隐记忆研究尚显不足。目前,只发现几篇相关文章。例如,特罗菲莫维奇采用跟读任务考察了低水平英语学习者听取由不同朗读者录制的词语对其听觉内隐记忆的影响(Trofimovich,2005)。特罗菲莫维奇和加蓬顿在其实验二中以英语为母语的西班牙语学习者为被试,采用跟读任务考察其听取母语和外语词语时对词语采取不同的加工方式对其内隐记忆的影响(Tromimovich,Gatbonton,2006)。在我国,多数相关文章为研究综述(例如:李美华,2008;董洪兰、孙玮,2011)。鉴于内隐记忆在外语词语习得中的重要性和当前研究的匮乏性,有必要对我国学习者的外语词语听觉内隐记忆开展系统性的实证研究。

1.2 研究意义

本研究主要考察语音特定性(voice specificity)、加工水平(level of processing)和听取方式(mode of listening)对词语听觉内隐记忆的影响,并探讨听觉启动认知机制在外语词语音位表征提取中的作用。开展此项研究具有重要的理论和现实意义。

1.2.1 理论意义

首先,实验一"母语词语和外语词语学习和加工中的听觉启动"的研究结果可以用于检验听觉启动认知机制的理论基础。例如,加工说、激活说和多重记忆系统理论,从而确立听觉启动机制在母语和外语词语音位表征构建和听取中的作用和工作机制。

其次,实验二"语音特定性对外语词语音位表征提取的影响"的研究结果可用于验证音位表征构建的情景主义理论和抽象主义理论,从而揭示外语词语音位表征的本质。情景主义认为，词语识别形成具体的记忆痕迹。该记忆痕迹不仅包括词语意义，而且包括词语的知觉和情景细节（Goldinger，2007）。同时，情景主义还认为词语在心理词库中可能包括不断增加的情景痕迹。虽然情景主义观点可以解释启动效应，但有证据表明词语表征同样包括抽象的表征。抽象主义认为，每个词语在心理词库中都有单独的表征（Johnson，Pugh，1994），或与一套语音编码规则共同表征（Coltheart，Curtis，Atkins，& Haller，1993）。一个词语的出现可以激活或提取其抽象的词语表征，即该表征不包括该词语某次出现时的具体信息。纯粹的抽象主义理论并不否认情景记忆的存在，但它认为情景记忆对词语识别没有影响。

再次，实验三"加工水平对外语词语听觉内隐记忆的影响"有助于我们深入了解听觉启动认知机制的工作机制。启动和知觉识别是同一个知觉表征系统（perceptual representation system）的表现形式（Tulving，Schacter，1990）。这一知觉表征系统既独立存在，又与其他记忆系统具有密切联系。丘奇和沙克特认为，知觉表征系统是基于大脑皮层的记忆系统（Church，Schacter，1994）。该系统与负责外显提取的海马趾系统不同。知觉表征系统表征的是刺激通道特定的知觉特征。外显记忆和内隐记忆之间的分离表明，知觉表征系统中储存的是基于知觉的表征，而外显记忆系统中储存的是语义表征。如果学习者的启动效应量不受到语义加工的影响的话，则说明听觉启动认知机制的确来源于知觉表征系统。

最后，实验四"词语听取方式对外语词语音位表征构建的影响"的研究结果可用于验证词语内隐记忆的理论，尤其是加工论中的迁移适当加工假说（transfer-appropriate processing）。加工论认为，内隐记忆和外显记忆均依靠新构建的情景表征。信息编码和提取过程主要有两种驱动模式：概念驱动加工和数据驱动加工（Jacoby，1983；Roediger，Blaxton，1987）。概念驱动加工是由被试个人发起精加工、组织和重组之类的认知活动，而数据驱动加工则是由测试材料的信息或数据发起的。尽管外显记忆测试任务和内隐记忆测试任务都有概念驱动加工和数据驱动加工的成分，但研究者们认为外显记忆测试主要依赖概念驱动加工，而内隐记忆测试主要依靠数据驱动加工（Tulving，Schacter，1990）。因此，这两种记忆测试中任务表现的不同是由概念驱动加工和数据驱动加工之间的差异造成的。迁移适合加工假说认为,人的记忆表现取决于学习和测试阶段中加工操作的本质,即学习阶段和测试阶段中加工操作越相似,记忆效果则越好,这是两次经历中的加工操作发生了迁移的结果(Morris, Bransford, & Frank, 1977)。本研究中,如果孤立地听取词语比在语境中听取词语更能促进词语的内隐记忆的话,则可为迁移适当加工假说提供证据。

1.2.2 现实意义

本研究有助于外语教师采取相应的教学策略和教学任务提高外语词语音位表征构建的正确性和强度以及音位表征提取的速度,从而提高外语词语习得效率。具体来讲,语音特定性实验结果有助于外语教育决策者考虑是否应多为外语学习者提供由英语母语者产出的输入,特别是为解决初级英语教学中是否应聘用外籍教师并增加外教课课时这一问题提供参考。此外,考察加工水平和听取方式对外语词语内隐记忆的影响将有助于解决任务型教学模式下如何在以交际意义为中心的外语课堂中加入对语言形式的关注,即"形式聚焦"(Focus on Form)的问题(Long, Robinson, 1998)。

先行词语习得研究多采用问卷调查、采访和课堂观察等研究方法。这些方法虽然可以揭示外语学习者对词语掌握的程度,但无法被用于考察词语在大脑中加工、提取和使用过程。本研究采用启动研究范式,利用科研仪器收集被试的反应时①(RT),因此研究具有认知心理学的规范性和科学性。采用反应时指标的行为研究与其他研究方法和工具相比至少具有 3 个优点(Jiang, 2012)。① 反应时具有计时精确性。反应时数据一般以毫秒(ms)进行记录和计算。② 反应时实验中实验材料得到严格的控制。因此可减少额外变量对因变量的影响。③ 研究者可以通过计算反应时的差别,推断词语在大脑中的加工时间和加工收益。另外,本研究中各项实验中的实验材料来源广泛,录音严格,并在词语的音节数、词频、录音时长等方面受到严格的控制,因此可为其他外语词语习得研究在方法上提供一些参考。

---

① 反应时是指从被试看到或听到词语开始,到跟读开始之间的时间。反应时指标被广泛应用于心理学研究中,它被认为能够反应刺激在大脑中的加工时间。

1.3　本书的组织结构

　　本书共分六章。第 1 章,绪论:介绍外语词语听觉内隐记忆研究的背景、研究的必要性和研究的意义。第 2 章,文献综述:介绍内隐记忆的定义和测量方法,梳理前人内隐记忆研究的成果。第 3 章,研究方法:提出研究问题,详述研究方法。第 4 章,结果与分析:报告、分析各项实验的结果。第 5 章,讨论:结合前人研究和相关理论对本研究的发现进行讨论。第 6 章,结论:归纳本研究的发现,指出研究启示与不足以及下一步的研究问题。

第2章
文献综述

　　本章首先阐述外显记忆与内隐记忆的定义、区别和测量方法,特别重点描述内隐记忆的测试分类和测量任务。根据先行词语内隐记忆研究考察的几个主要变量:语音、加工水平、呈现方式等对与本研究相关的文献进行系统的梳理与描述。其次,对听觉通道和视觉通道中的内隐记忆研究理论进行解读与讨论。最后,对外语词语听觉内隐记忆的研究成果进行述评并提出本研究考察的四个自变量。

2.1　外显记忆与内隐记忆

2.1.1　外显记忆与内隐记忆的定义

　　人类的长时记忆系统根据储存和提取方式的不同可以分为外显记忆和内隐记忆(叶晓红、孟迎芳、林静,2020)。麦独孤最早提出了外显记忆和内隐记忆的概念并对两者进行了区分(McDougall,1924)。外显记忆是指人们有意识地对先前的经历和知识进行的回忆(Cohen,Squire,1980)。与之相对,内隐记忆是指人们在无意识的情况下提取大脑中已存储的表征(Tulving,Craik,2000)。内隐记忆无须人有意识地对学习材料或刺激进行加工、提取和使用,因此其具有相对稳定性(Pilotti,Beyer,2002)。内隐记忆研究大多考察词语识别与组织,因为研究者们认为在内隐记忆测任务中表现的启动效应(priming effect)可用于推测词语通达和词语表征的本质。

2.1.2　外显记忆与内隐记忆的区别

　　外显记忆与内隐记忆在知识类型、加工操作、意识参与、测量方法和表现形式上均存在一定的差异,如表 2 - 1 所示。

表 2 - 1 外显记忆和内隐记忆的区别(基于 Dew, Cabeza, 2010)

特　征	记 忆 系 统	
	外 显 记 忆	内 隐 记 忆
知识类型	陈述性知识	过程性知识
加工操作	控制性	自动性
意识参与	有意识	无意识
测量方法	直接测量	间接测量
表现形式	正确性	启动效应

由表 2 - 1 可见,外显记忆中储存的知识是陈述性知识,即人们能够说出的具体知识,如英语中名词复数的规则等。过程性知识是指完全自动化了的陈述性知识。例如,经过一段时间的练习和使用,学习者可以不假思索地正确使用名词的复数形式。外显记忆的提取需要有意识的参与,并且需要人为控制。内隐记忆的提取则无须意识的参与且不受人为控制。同时,这两种记忆的测量方法表现形式不同(林无忌等,2019)。外显记忆通常利用自由回忆等方法对被试的回忆正确率进行统计。而内隐记忆的测量则采用间接的方法,即通过测量启动效应来实现。

外显记忆与内隐记忆之间存在的区别最早是在对遗忘症患者的研究中发现的。遗忘症患者尽管对自己保存的记忆没有意识,但这些记忆痕迹存在并对其无意识的思维过程产生影响(Korsakoff, 1889)。针对严重失忆症患者的研究发现,遗忘症患者无法回忆起启动实验中的学习阶段。即便在时间间隔极短的情况下也是如此,即其外显记忆严重受损,但是遗忘症患者的内隐记忆强度却和正常被试几乎相同(Warrington, Weiskrantz, 1970)。这种记忆分离的现象说明,外显记忆和内隐记忆测试中的加工操作不同(Jacoby, 1983)。内隐记忆属于过程性记忆,它是通过反复使用而习得的认知操作。内隐记忆负责技能和习惯的习得。

2.1.3　外显记忆和内隐记忆的测量

外显记忆和内隐记忆的测量是通过不同的测量任务完成的(McDonough,

Trofimovich，2011）。

外显记忆测试一般以正确率为指标，它通常包括两个阶段，即学习阶段和测试阶段。在学习阶段，被试要使用积极的记忆策略识记为其呈现的词语。然后在测试阶段，被试要尽可能多地回忆起刚才识记过的词语（自由回忆测试）或判断为其呈现的词语的意义或者形式（词语辨别测试）。

同样，内隐记忆测试一般也分为学习阶段和测试阶段（ibid.）。首先，在学习阶段，以一定的时间间隔（如 3 000 毫秒）为被试呈现一定数量的视觉或听觉词语等，但不要求被试对所听到或看到的词语做出任何反应。其次，在两个阶段中通常加入一个干扰任务或称"分心任务"（distractor task）阶段以排除近因效应（recency effect）①。干扰任务大多是让被试做一些简单的数学计算，以防止被试对刚才接触到的刺激进行再加工，而其时间的长短因实验目的的不同而不同。例如，如果实验的目的是测量启动效应的保持时间，研究者可以将干扰任务的时间自由设定为 1 分钟、3 分钟或者更长。最后，在实验的测试阶段中，为被试提供视觉或听觉的词语等，其中包括在学习阶段为被试呈现过的词语和与之数量相等的新词语，并让被试在看到或听到目标词语后立即对其进行反应。反应的形式一般有按键选择、跟读或发音等。研究者主要关注的是被试对重复的词语和新词语的反应时和反应正确率。如果被试对重复词语的反应时和反应正确率比对新词语的反应时和反应正确率高，则可证明启动现象存在。通过计算对重复刺激的反应时和对新刺激的反应时之差，可算出启动效应量的大小（如 Trofimovich，2003）。

外显记忆测试和内隐记忆测试的主要区别在于两者的实验要求不同。外显记忆测试的指导语明确要求被试对实验材料进行识记，并要求被试在测试阶段尽力回想所识记的内容。内隐记忆测试的指导语有意隐瞒实验意图，例如，将测试变成一种游戏（如根据所给的字母猜测完整的词语），并让被试对目标词语做出又快又好的反应以避免被试了解实验意图后采取策略加工和有意提取，从而提高自己的任务表现。Schacter，Bowers，& Booker

---

① 近因效应是指人们对于近期学习内容的回忆正确率要比先前学习内容的回忆正确率更高。

(1989)认为,在对比外显记忆和内隐记忆测试表现时,研究者应尽量将学习条件和测试条件保持一致,并只改变测试时的指导语,以此来确保两种测试包含不同的提取模式:有意识提取(外显记忆)和无意识提取(内隐记忆)。

然而,也有观点认为在内隐记忆测试中被试不大可能会有意识地提取先前的学习材料,导致内隐记忆测试表现受到外显记忆污染的情况。大多数情况下实验任务本身难度并不大,如被试只需用其想到的第一个词语作答即可完成任务,因此被试不必在积极地回忆先前的学习材料的条件下才能完成任务(Roediger et al.,2009)。换句话说,被试通常遵守实验指导语和最省力法则(the law of least effort)。

2.1.3.1　内隐记忆测试的分类

内隐记忆测试一般可分为知觉内隐记忆测试和概念内隐记忆测试(Jacoby,1983)。知觉内隐记忆测试包括词语和物体识别中使用的加工过程。知觉内隐记忆测试在很大程度上受到知觉操作特定性的影响,而很少受到意义操作的影响。知觉内隐记忆测试的一个标志是测试中的提示和目标词语具有知觉相似性,如测试中所给的提示为完整词语的一部分(如:"cap＿ ＿ ＿ ＿"和"captain")。

与之相反,概念内隐记忆测试受意义操纵的影响较大,但几乎不受知觉操作变化的影响。概念内隐记忆测试中所给的提示和目标词语不具有知觉相似性,而具有概念相关性。研究者可以要求被试回答一个一般性的知识问题,如"世界上面积最大的国家是哪个",并要求被试又快又准地做出回答。例如,斯里尼瓦斯和洛蒂格在其实验一的学习阶段让被试或者阅读孤立呈现的词语,或者根据句子提示和词语的首字母产出词语(Srinivas,Roediger,1990)。在学习阶段中,两组被试均要大声朗读词语,并在学习大量的词语后进行两项内隐记忆测试。在知觉内隐记忆测试中,被试要用其联想到的第一个词语补全残词,如"d＿n＿ ＿ ＿y"。在概念内隐记忆测试中,被试要列举出所给类别的一个成员,如"animal-＿＿＿＿＿＿?"。实验结果表明,这两项内隐记忆测试之间存在较大的差异。在知觉内隐记忆测试(残词补全测试)中,阅读孤立呈现的词语比产出词语的启动效应量更大,而概念内隐记忆测试(类别实例产出任务)的结果与残词补全任务的结果恰恰相反(ibid.)。

其他研究也证明知觉内隐记忆测试和概念内隐记忆测试之间存在着差异。查利斯和西杜考察了大量重复(mass repetition)对知觉内隐记忆、概念内隐记忆和外显记忆的影响(Challis,Sidhu,1993)。他们为被试分别呈现1次、4次和16次词语。结果发现,重复次数对外显记忆测试(自由回忆和识别)和概念内隐记忆测试的结果影响较大,但对知觉内隐记忆测试(残词补全)的结果几乎没有影响。在残词补全中,重复目标词语16次时和只重复目标词语一次时所产生的启动效应量无显著差异。其结论:大量重复影响概念内隐记忆,然而其对知觉内隐记忆无影响。

2.1.3.2　内隐记忆测量任务

内隐记忆的测量一般通过测量启动效应的方法来完成(例如:林无忌等,2019;叶晓红、孟迎芳、林静远,2020)。启动是指先前接触刺激(如词语)的经历能够促进之后相同或相似刺激的再识别过程(McDonough,Trofimovich,2011)。启动效应的测量通常借助特定的测试任务。在完成此类测试任务时,被试无须有意识地回忆先前的学习阶段,因此它们被称为内隐记忆测试任务。常见的概念内隐记忆测试任务有联想测试、词语翻译和一般知识问答等。常用的知觉内隐记忆测试有词语识别、残词补全或词干补笔和命名(跟读)等。本研究只涉及外语词语知觉内隐记忆,因此下面只详细介绍知觉内隐记忆的测试任务。

1) 听觉词语识别

听觉词语识别(auditory word identification)任务被广泛应用于母语词语听觉内隐记忆研究(Mulligan et al.,2007)和外语词语听觉内隐记忆研究中(Karjo,2012)。该任务分为两个阶段:学习阶段和测试阶段。在学习阶段中,被试听取为其呈现的一定数量的词语。在测试阶段,被试仍听取为其呈现的词语,在这部分词语中包括学习阶段听取过的相同词语和与之数量相同的新词语。在听到每个词语时,要求被试将其听到的词语写下来,或大声朗读出来。在词语识别任务中,自变量一般为词语的重复性,因变量为对目标词语的反应时和反应正确率。

该任务的优点在于其"任务自然性",即听词和朗读是学习者日常生活和学习中常见的任务,因此对被试具有较高的熟悉度,并有益于降低由实验带来的紧张感。然而,该测试对于母语者和高水平的外语学习者显得过于简单。因此,许多研究者通过对实验材料添加白噪(white noise)或进行低通滤波(low-pass filtering)的方法增加实验难度,以防止"天花板效应"(ceiling effect)[①]的产生。

2)词干补笔和残词补全

词干补笔(word stem completion)和残词补全(word fragment completion)也包括两个阶段(Besken,Mulligan,2010)。在实验的学习阶段,为被试呈现一定数量的视觉或听觉的完整词语,如"pen",且并不要求被试对目标词语做出任何反应。在测试阶段,为被试呈现与学习阶段数量一致的不完整的词语和不完整的填充词(在学习阶段中未出现过的词语),如"_ _n",并让被试写下其想到的第一个词语。被试可能写出"pen""ten"或"den"等。在词干补笔任务中,自变量为词语重复性,包括重复词语和未重复词语。因变量为词语补笔的正确率,即正确补笔的重复词语占全部重复词语的百分比,以及正确补笔的未重复词语占全部未重复词语的百分比。如果被试正确补笔的重复词语比未重复词语的百分比高,则说明启动效应存在。

该任务的优点在于测试中为被试呈现不完整的词语,并要求其补全其形式,因此该任务主要涉及知觉加工,而几乎不包含概念加工。因此该测量任务具有较高的任务效度。其缺点在于该任务不适合用于测量初级或中级水平外语学习者的词语内隐记忆,因为这部分学习者掌握的外语词语数量较少,在补全词语时,被试可能运用策略加工,积极地回忆学习阶段和以前学习的经历,从而在内隐记忆测试中加入外显记忆的成分,污染实验结果。

3)发音任务

发音任务(跟读)同样包括学习和测试两个阶段。在学习阶段,以一定的时间间隔为被试逐个呈现一定数量的视觉或听觉词语,且不要求被试做出任何反应。在测试阶段,同样以一定的时间间隔为被试呈现在学习阶段呈现过的词语和与之数量相等的填充词语(未重复词语),并要求被试在看到或听到词语后,又快又准地跟读。该任务中的自变量为词语重复性:重复词语和未重复词语。因变量为被试跟读重复词语和未重复词语的反应

[①] "天花板效应"是指所有被试的任务表现均达到了很高的水平,而导致研究者无法推断其任务表现与自变量之间的关系。

时和正确率。如果被试跟读重复词语的反应时比跟读未重复词语的反应时快,则说明先前接触词语的经历促进了之后相同词语的再加工过程,即启动效应存在。

以上三种测量任务在测量视觉通道和听觉通道中的词语内隐记忆方面具有各自不同的优点。笔者认为,跟其他测试任务相比,发音(跟读)任务具有较明显的优势。

(1)任务自然性(task naturalness)。外语学习者在完成听觉词语辨认任务时,因其所听到词语经过低通滤波或添加白噪处理,加之其接触外语听觉输入的经验有限,可以预见其面临的困难要比英语为母语者大得多。而跟读任务不对实验材料进行任何处理,且听说是日常生活和学习中十分常见的认知任务,因此该任务显得比较自然。

(2)可收集反应时数据。听觉词干补全或残词补笔无法收集被试对目标词语的反应时,无法推断词语在大脑中的加工时间和计算启动效应的强度,而发音任务则可收集反应时数据。

(3)不对词语意义进行提取。发音任务要求被试在看到或听到目标词语后立即朗读该词语。因不涉及对真词和假词进行辨别,其决策过程对反应时几乎没有影响。言语输出模型一般认为词语通达包括两个阶段:语义阶段和语音阶段(Levelt,1989)。在第一个阶段中,意义被投射到词语的抽象表征上。在第二个阶段中,该抽象的词语表征被投射到其语音上。对于跟读所涉及的认知过程的解释一般存在三种理论模型:词语路径模型、非词语路径模型和总和模型。词语路径模型认为跟读是纯粹的词语通达的语音阶段,即它只包括从词语中提取词语的输入音素。非词语路径模型认为跟读直接将输入投射到输出语音,无须语义阶段或语音阶段的参与。总和模型是词语路径模型和非词语路径模型的综合,即跟读既包括从词语中提取词语的输入音素,也包括直接从输入语音中提取输出语音(Hillis,Caramazza,1991)。大多数词语跟读的模型认为,单个词语的跟读遵循词语路径模型(Gupta,MacWhinney,1997)。该模型认为跟读只通达词语的语音阶段,即它只包括从词语中提取词语的输入音素。例如,在听到一个有意义的词语时(如"computer"),正常被试先将通达该词语的音位表征,然后对提取的词语语音进行编码,最后完成发音跟读。因此,跟读任务不涉及对词语意义的提取,故无法测量被试对词语的语义掌握程度。

　　然而,值得注意的是发音任务涉及一个词语判定任务中没有的变量,即它包括一个发音过程。一个可以对识别过程产生影响的变量也可以对识别后的发音过程产生影响。以词频为例,巴洛塔和丘布利使用延迟发音任务试图将词频对词语识别过程的影响和对发音过程的影响区分开(Balota,Chumbley,1985)。在延迟发音任务中,被试有充足的时间辨认词语,然后根据提示大声朗读词语。如果词频只影响识别过程的话,那么在被试有充足的时间辨认词语之后词频效应将不存在。他们的研究发现,即使被试有1 400 毫秒的时间来辨认词语,词频效应仍然显著(ibid.)。可见,词频不仅影响词语的识别过程,而且影响发音过程。这导致研究者无法根据发音任务中得出的数据推断词语的识别过程。因此,研究者们在使用发音任务时常对实验材料进行以下两点控制:

　　(1) 词语的长度。实验材料不仅应以词语的音节数量作为参考指标,也要以录音的时长(duration)为指标,所有实验词语录音的时长应无显著差异,如在 2 000 ms(毫秒)左右。随着词语录音时常的增加,跟读潜伏期[①]也随之增加(Tyler,Voice,& Moss,2000)。

　　(2) 音节头类型。由于语音信号中第一个音素(音节头)所含的能量不同,所以能量高的音节头更容易触发语音键[②]。浊辅音、鼻辅音、摩擦音和滑音的音节头对词语跟读的潜伏期有显著影响(Tyler et al.,2000)。因此,研究者应尽量避免选用以浊辅音、鼻辅音、摩擦音和滑音开头的词语作为目标词语,或者将以这些音素开头的词语作为一个自变量,与另一类不以其开头的目标词语进行对比,考察不同音节头的词语的识别过程。

2.1.4　影响词语内隐记忆的因素

1) 语音特定性

　　先行研究考察了从学习阶段到测试阶段中语音变化[③]对词语内隐记忆

---

　　① 跟读潜伏期是指从词语播放完毕到被试发音开始之间的时间间隔。

　　② 语音键是反应盒上的一个装置。被试在发音跟读时,其第一个声音将触发语音键,并被作为跟读的开始。

　　③ 语音变化是指学习阶段和测试阶段为被试呈现的听觉词语是由不同朗读者朗读的。

的影响。结果发现,语音变化削弱词语内隐记忆的强度(Nygaard,Pisoni,1998)。这说明,在完成听觉内隐记忆测试时,被试不仅要应用抽象的词语信息,也要利用具体的词语知觉信息,如词语产出者的声音的知觉特征。研究表明,听觉词语内隐记忆依赖于词语信息和词语的知觉特征,但不同的内隐记忆测试对知觉特征变化的敏感程度是否一致尚无定论。Schacter 和 Church(1992)发现,从学习阶段到测试阶段中词语语音的变化在词干补笔和低通滤波词语识别中比在噪声遮蔽词语识别中对启动效应强度的削弱程度更大。通过考察低通滤波词语识别、在噪声中呈现的词语识别、词干补笔和残词补全中被试对目标词语知觉特征的敏感度,皮洛蒂发现语音变化仅影响被试在词语识别上的表现,而对残词补全和词干补笔未产生显著影响(Pilotti et al.,2000)。

尼加德和皮索尼考察了话语产出者语音特征对口语词语和口语句子识别的影响(Nygaard,Pisoni,1998)。在实验中,他们让被试学习 10 位不同的话语产出者语音,然后对其进行测试以评价语音学习对言语产出中语言内容加工的影响。在其实验一中,被试听取孤立的词语并熟悉朗读者的语音,然后在噪声中听取其不熟悉的孤立词语。其中,一部分被试听取不熟悉的孤立词语是由其熟悉的朗读者朗读的,另一部分被试听取不熟悉的孤立词语是由其不熟悉的朗读者朗读的。结果显示,对熟悉的朗读者朗读的词语的识别正确率显著高于对不熟悉的朗读者朗读的词语的识别正确率。在实验二中,学习者听取句子并熟悉朗读者的语音。在测试中,被试被要求识别孤立呈现的词语。结果显示,在句子中熟悉朗读者的语音技能无法很好地迁移到识别孤立词语中来。在实验三的学习阶段,学习者听取句子并熟悉其朗读者的语音。在测试阶段,被试听取由其熟悉的朗读者和不熟悉的朗读者朗读的句子。结果显示,在句子中对朗读者的语音进行知觉学习提高了句子中词语的可理解度。Nygaard 和 Pisoni 的研究表明,语音学习的归纳和迁移对学习和测试中的话语产出者的特定信息具有敏感性。研究证明,话语产出者特定的信息能够影响孤立词语和句子中语言特征的知觉。

舍夫特采用知觉识别任务考察内隐记忆中的语音特定性是否受目标词语呈现方式的影响,即清晰地呈现词语和在噪声中呈现词语是否均能产生语音特定效应(Sheffert,1998)。结果发现,在噪声中呈现的词语的知觉识别受到从学习到测试间语音变化的影响显著，而在清晰条件下听取的目标词语未受到语音变化的显著影响。实验结果说明，只有在噪声中呈现目标词语，语音特定效应才能产生。

杰克逊和莫顿采用词语识别任务考察了语音特定性效应是否存在。他们在测试阶段为被试呈现的目标词语经过添加白噪处理（Jackson，Morton，1984）。其实验结果与 Schacter 和 Church（1992）的实验结果不同。他们发现测试阶段中无论目标词语与学习阶段的目标词语是否由同一朗读者朗读，启动效应的强度均无显著差异，即语音特定性效应不存在。对此，Jackson 和 Monton 认为，调节听觉启动的是一个不受语音信息影响的词语系统（ibid.）。Schacter 和 Church（1992）对 Jackson 和 Morton（1984）的实验结果提出了不同的解释。他们认为，在添加白噪的任务中语音特定效应消失这一点反应了知觉识别任务的一个特性。Schacter 等人也未能在使用白噪的内隐记忆测试任务中发现语音特定效应（Schacter，Church，1992；Schacter，Church，& Treadwell，1994）。Schacter 和 Church（1992）认为，语音特定启动的基础是右脑的子系统，而白噪的存在消除了右脑对听觉词语启动的贡献，因此导致语音特定性效应的消失。

为验证 Schacter 和 Church（1992）的研究发现，戈尔丹热采用知觉识别任务考察了口语词语的内隐记忆（Goldinger，1992，1996）。在学习阶段，他让被试识别添加白噪的单音节词语。在学习阶段，他为被试呈现的目标词语与在学习阶段中呈现的目标词语相同，不同的是有一半词语是由不同的朗读者朗读的。结果发现，被试在噪声中识别以相同语音重复的词语比识别以不同语音重复的词语更快、更准。这一结果向 Schacter 和 Church 发起了挑战。

麦克伦南和冈萨雷斯采用启动范式考察了西班牙语母语语音和外国人口音识别中的语音特定性（McLennan，Gonzalez，2012）。结果发现，在母语语音条件下，启动效应显著，但语音特定性效应不显著。在外国人口音条件下，启动效应和语音特定性均为显著。McLennan 和 Gonzalez 认为，任务难度可能影响被试听取词语的方式；当任务简单时，被试只需听取一些相关的音位区则可成功地完成任务。然而，当任务难度较大时，被试可能需要将注意力集中在更加精细的语音细节上（ibid.）。因此，在难度大的任务中，例如低通滤波词语识别或噪声中的词语识别,语音特定性更强。最后,玛尔巴采用长时重复启动范式和加速遮蔽任务考察了语音特定性问题(Maibauer et al.,2014)。结果发现,当目标词语是由被试熟悉的朗读者录制时,话语产出者的特定细节可以影响口语词语识别中的早期加工过程。

综上所述,语音变化是否影响词语的内隐记忆,似乎尚无定论,特别是在噪声中呈现目标词语时语音变化是否影响词语内隐记忆的问题上还存在大量争议。以上研究者大多采用知觉词语识别、词干补笔或残词补全任务,笔者认为也可以采用跟读任务考察语音变化对内隐记忆的影响。本研究的实验二将考察该问题。

2) 加工水平

加工水平是指被试在学习词语时对词语所采取的分析类型,一般可分为深加工和浅加工两种(Craik,Lockhart,1972)。深加工是指对词语的意义进行分析。如被试对词语意义的数量和词语意义的感情色彩(积极词语或消极词语)等进行判断。浅加工是指被试对词语的形式(语音或正字法等)进行分析。例如,被试对所给词语的音节数量、发音情况和所含字母数量等进行判断。因此,加工水平被认为是一种意义操纵。

相关实验表明,词语的深加工对外显记忆影响显著,但对内隐记忆几乎没有影响(Rappold,Hashtroudi,1991;Mahdavian,Kormi-Nouri,2008)。例如,Graf 和 Mandler (1984)在实验的学习阶段操纵了词语的加工水平。然后在测试阶段,他们让一组被试积极回想学习阶段以便完成词干补笔,让另一组被试根据所给字母(词干)用其想到的第一个词语作答。结果显示,在外显测试条件下,被试回忆起了 41% 的深加工词语和 8% 的浅加工词语。然而,在内隐测试条件下,被试回忆起了 20% 的深加工词语和 18% 的浅加工词语。实验结果说明,加工水平影响外显记忆,但对内隐记忆几乎无影响。

丹妮和亨特为两组被试呈现带有不同感情色彩的词语。实验组被试为抑郁症患者,控制组为正常被试(Denny,Hunt,1992)。目标词语中一些具有非常积极的内涵,如"有帮助的"和"精力充沛的"等;另一些词语具有消极的内涵,如"压抑的"和"没有希望的"等。他们为被试呈现了 24 个词语,并要求被试在一个 6 分量表上对词语是否可以描述自身情况进行判断。之后,被试进行了一项自由回忆测试和一个残词补全测试。自由回忆测试的结果显示,正常被试回忆起的积极词语比消极词语多,而抑郁症患者回忆起的消极词语比积极词语多。这说明目标词语的意义在回想中起到重要的作用。残词补全测试的结果却与之大相径庭:正常被试和抑郁症患者对积极词语和消极词语的启动效应强度是一致的,这说明词语的意义不影响知觉内隐记忆测试的结果。

　　Roediger 等人（1992）使用残词补全任务同样证实了格拉夫和曼德勒（Graf，Mandler，1984）的实验结果。在实验中,Roediger 等人要求一组被试对所给词语进行图像分析（统计所给单词中占两格的字母和占三个格的字母的数量）,并让另一组被试判断所给词语的感情色彩（ibid.）。在测试阶段,他们为被试呈现外显记忆测试指导语和内隐记忆测试指导语,并让被试完成残词补全或词干补笔。外显记忆测试结果显示,加工水平的效应显著,即语义加工比图像加工对回忆的促进作用更大。结果还发现,被试在词干补笔任务中的表现比其在残词补全中更好。然而,内隐记忆测试的结果与外显记忆测试的结果恰恰相反。在残词补全中,图像加工词语的启动效应量比语义加工词语的启动效应量更大。在词干补笔中,语义加工词语的启动效应量比图像加工词语的启动效应量稍大,但该差异不显著。

　　琼斯对比了三种学习条件下词语的启动效应。他将 48 名成年被试分成朗读组、产出组和图片组（Jones，1992）。在实验的学习阶段,朗读组被试朗读为其呈现的是孤立词语;产出组被试要根据概念提示和目标词语的首字母产出目标词语;图片组被试要根据所给图片说出图片中所画的事物。之后,他们对三组被试进行了残词补全测试,并要求其用所想到的第一个词语作答。结果显示,朗读组被试的残词补全正确率为 63％,产出组为 52％,图片组为 50％,而基线残词（baseline fragment;未学习过的词语）的平均补全正确率为 47％。Jones 的实验结果和先行研究结果一致,说明对于知觉内隐记忆,在无语境的条件下,朗读目标词语比根据概念提示产出目标词语所产生的启动效应强度更大。实验证明,操作意义对外显记忆测试的结果影响较大,但对知觉内隐记忆测试的结果几乎无影响。这表明,外显记忆测试和知觉内隐记忆测试中包含不同的加工操作。

　　由以上研究结果可见,知觉内隐记忆似乎不受意义操纵的影响。然而,先行研究均采用以英语为母语的被试和残词补全、词干补笔和词语识别等任务。那么,以汉语为母语的英语学习者在听取英语词语时,其对外语词语的加工水平是否影响其外语词语的听觉内隐记忆,这是一个值得探究的问题。本研究的实验三将考察该问题。

3)呈现方式

目前,大部分词语内隐记忆研究关注的是孤立呈现的词语的启动效应,即为被试提供单个的、孤立的目标词语,并测量被试对它们的反应时和正确率(例如:Church,Fisher,1998;Church,Schacter,1994)。也有少数研究者考察了在语境中呈现词语对词语内隐记忆的影响,并发现在句子语境中呈现词语的启动效应比孤立地呈现词语的启动效应量更小(Nicolas,Carbonnel,& Tiberghien,1994;Besken,Mullian,2010)或者不存在(Levy,Kirsner,1989)。例如,奥利芬特采用词语判定任务和知觉识别任务发现,在短语语境中呈现的词语未能产生显著的启动效应(Oliphant,1983)。麦克劳德采用残词补全任务测量了在语篇中呈现的词语的启动效应,结果发现这些词语的启动效应不如在孤立情况下呈现的词语的启动效应强(Macleod,1989)。研究者将该现象称为语境效应,即指在有意义的语境中呈现目标词语将削弱或消除启动效应。

雅各比在其实验的学习阶段为被试呈现视觉词语,并让其朗读孤立的词语(xxx-COLD),或和其反义词一起朗读(hot-COLD),或写出所给词语的反义词(hot-XXXX)。然后,他要求被试完成一个外显的再认测试和一个内隐的知觉识别测试(Jacoby,1983)。再认测试结果表明,根据所给词语联想出的反义词成绩最好,其次是和其反义词一起朗读的词语,最后是孤立朗读的词语。然而,知觉识别测试的结果与其恰好相反:孤立朗读的词语的测试成绩最好,而联想出的词语的成绩最差。Jacoby的实验证实了重复启动中的语境效应。之后的研究表明,无论是将目标词语和其反义词一起呈现(Blaxton,1989)还是将目标词语置于连贯的语篇中呈现(Levy,Kirsner,1989),语境效应均存在。例如,利维和克斯纳在实验的学习阶段让被试孤立地阅读目标词语或者在连贯的语篇中阅读目标词语,然后要求被试完成知觉识别测试(Levy,Kirsner,1989)。结果显示,孤立接触过的目标词语产生了显著的启动效应,而在语篇中接触过的目标词语的启动效

应未达到显著性。布尔特、康纳斯和格兰特泰勒采用词干补笔考察了学习
语境对单个词语内隐记忆的影响（Burt，Connors，& Grant-Taylor，2003）。
结果也发现，孤立呈现词语的启动效应比句子语境中呈现词语的启动效应
更强。为确保语境效应与测试任务的种类无关，众多研究者使用了词语判
定（Bainbridge，Lewandowsky，& Kirsner，1993）、残词补全（Nicolas，
1998）和词干补笔（Nicolas，Lerouz-Ziegler，2000；Nicolas，Soderlund，
2000）和知觉识别（Masson，MacLeod，2000）等多种内隐记忆测试任务，结
果均证明语境效应存在。

　　与此同时，也有研究者考察了听觉通道中是否存在语境效应。贝斯肯
和穆利根使用残词补全和词干补笔任务对孤立呈现的词语和在语境中呈现
的词语的听觉启动效应进行了对比（Besken，Mulligan，2010）。在实验一
的学习阶段，他们让孤立组被试孤立地听取目标词语，让语篇组被试在由一
个到三个句子组成的语篇中听取目标词语。孤立组中一部分被试听取逐个
录制的目标词语的录音，另一部分被试听取的目标词语的录音是从语篇组
被试听取的语篇中抽取出来的。在测试阶段，被试要完成两种残词补全任
务：一种残词是基于逐个录制的目标词语的录音，另一种是基于从语篇中
抽取出来的目标词语的录音。被试在听到一个残词后，立即写下联想到的
第一个词语。结果显示，孤立组的听觉启动效应达到了统计上的显著性，而
语篇组未达到，这说明孤立听取词语比在语境中听取相同词语所产生的听
觉启动效应更强，证明了语境效应在听觉条件下同样存在。

　　先行语境效应研究中，研究者大多将目标词语置于短语或句子语境。
目前，只有姜帆和刘永兵（2014）的研究中将目标词语埋藏在完整的语篇语
境中。此外，未发现有研究表明，听觉语境效应同样存在于中级外语学习者
身上。为了拓展研究对象，证实先行研究的生态有效性，有必要采用不同的
被试、不同的实验材料和测试方法对此问题开展研究。本研究的实验四将
进一步考察该问题。

2.1.5　词语内隐记忆测试任务中的因变量

　　词语内隐记忆测试任务中的因变量一般为反应正确率和反应时。反应
正确率是指被试的反应，如残词补全、词干补笔或朗读是否正确。比反应正

确率更重要的是反应时。反应时是心理学中最常用的反应变量和指标之一。它是指从刺激施用于机体到反应开始所需的时间。大量的心理学和心理语言学实验采用了反应时这一指标考察视觉和听觉刺激加工的心理过程。

为了收集被试的反应时，研究者们开发了各种测量工具和软件，如 DMDX 和 E-prime(Psychological Software Tools，2012)等。本研究将采用 E-prime 进行实验程序的编写和收集被试对目标词语的反应时。采用反应时指标实验的前提是其准确性和精确性，影响反应时的因素包括以下三种。

1）个人因素

（1）年龄：简单反应时从幼儿期到青年期（20～30 岁）不断缩短，并在 30～50 岁或 60 岁之间不断变慢。70 岁以后，反应时变慢的速度比之前更快(Der，Deary，2006)。

（2）性别：实验证明几乎在各年龄组中，男性比女性的反应时都更快 (Dane，Erzurumlugoglu，2003)。虽然男性的反应时比女性快，但女性的反应正确率比男性高(Barral，Debu，2004)。

（3）智力与学习困难：在智力正常的人群中，智商高的人比智商低的人的反应时更快，但相同智商的人在反应时上存在较大差异(Nettelbeck，1980)。此外，患有语言学习障碍或阅读困难的被试比正常被试的反应时慢 (Miller，Poll，2009)。

（4）健康状况：疲劳对反应时具有不利影响。当被试疲劳时，其反应时也随之变慢。特别在困倦时，被试的反应时的变化尤其明显(Cote，2009)。此外，上呼吸道疾病的患者比正常被试的反应时慢(Smith et al.，2004)。

2）实验材料因素

当实验材料的内容使被试过于紧张或过于放松时，其反应时将受到影响(Masanobu，Choshi，2006)。当刺激为中等水平时，反应时相对更快。

3）实验因素

（1）练习：被试是否熟悉实验任务对反应时具有影响(Sanders，1998)。维瑟尔等人发现在复杂的任务中，对被试进行训练不仅缩短了其反应时，而且还提高了其反应正确率(Visser et al.，2007)。

（2）干扰：被试进行实验时如果受到噪声等干扰，其反应时将变慢（Trimmel，Poelzl，2006）。此外，声觉刺激的反应时比视觉刺激的反应时更易受到干扰。

鉴于以上因素对反应时的潜在影响，本研究从以下两方面着手，对各种变量进行控制，以减少其对反应时的不利影响。

（1）被试选择：研究者在选取本被试时，通过被试基本信息调查问卷（附录三）选择年龄在 20～25 岁、智力正常、无学习障碍且习惯使用右手的健康被试。

（2）实验设计与过程：在实验设计上，对实验材料的情绪唤起度进行控制，确保被试不会受到具有消极意义词语的影响。在实验程序上，为防止因被试对实验不熟悉而导致反应时延长的情况出现，在实验正式开始前加入练习阶段，在此阶段研究者与被试相互配合，演练实验过程。

为防止被试过于紧张，在开始实验前，研究者将告知被试本实验的目的在于测试听说配合情况，并且结果完全保密。

为防止被试在实验时受到噪声等干扰，被试在一间安静的教室里独自完成实验。同时，研究者及其他被试在另一间教室内等待。

如果被试当天身体健康状况不佳，或有明显异样，研究者将取消其实验，并择日重新进行。

2.1.6 不同感觉通道中的词语内隐记忆

感觉通道主要是指视觉通道和听觉通道。对于词语内隐记忆的研究一般在视觉通道和听觉通道中进行，因为人们主要对词语进行视觉或听觉加工。

2.1.6.1 视觉通道中的词语内隐记忆

视觉词语启动是指被试先前看过词语的经历，对之后再次识别相同词语所起的促进作用。视觉词语启动研究主要应用四种测试：词干补笔、残词补全、词语识别和词语判定。早期的视觉词语启动研究的一个重要发现：在实验的学习阶段操纵目标词语的加工水平尽管对外显记忆有显著的影响，但是对于启动效应几乎没有影响（Graf et al.，1982；Bowers，Schacter，1990）。操纵目标词语的加工水平主要通过让被试关注词语的意义，如判读词语的语义范畴,或让被试关注词语的形式,如判读词语的元音或辅音数量的方式完成。该发现证实了内隐记忆和外显记忆包含不同的加工操作,并为解开这些加工操作的本质提供了理论线索。同时这一发现也表明,正常被试在完成内隐记忆任务时所产生的启动效应与外显记忆策略无关。如果被试在内隐记忆测试任务中使用外显记忆策略的话,那么完成语义编码任务时的任务表现应该比完成非语义编码任务时的任务表现要好(Schacter et al.,1989)。鲍尔斯和沙克特发现对测试任务和学习任务之间的关系完全不清楚的被试在语义任务和非语义编码任务中均产生了较强的启动效应,且两种任务中的启动效应强度一致(Bowers,Schacter,1990)。视觉词语启动的另一个特征是启动效应的长时性[1],即在间隔一段时间后对被试再次测试仍能发现启动效应。

2.1.6.2 听觉通道中的词语内隐记忆

除了视觉通道中存在启动效应之外,听觉通道中同样存在启动效应。听觉启动被认为是对语言加工的一种无意识的促进。为了测量这种促进效应的强度,大量的研究人员(Schacter,Church,1992;Church,Fisher,1998;Trofimovich,2005)采用了多种实验任务,如词语(句子)识别、词语判定、命名(重复)和词干补全等。埃利斯在测试阶段使用词语识别任务要求被试在困难的听觉条件下(增加背景噪声),识别为其呈现的词语是否为在学习阶段接触过的词语(Ellis,1982)。结果显示,先前听取过词语的经历对后来在噪声下听取相同词语在识别方面具有巨大的促进作用,然而先前阅读过的词语对后来听到的相同词语却几乎没有促进作用。

采用听觉内隐测试的研究一直关注这些测试对知觉信息的敏感度。对此,研究人员考察了从学习到测试中通道变化和语音变化是否影响目标词语的内隐记忆。研究发现,通道和语音的变化将降低听觉启动效应的强度。这说明在完成听觉内隐测试时,被试要应用知觉信息,如有关呈现方式的信息(听觉或视觉)、语音特征信息(说话人声音的知觉特征)以及词语信息等。

先行研究表明,听觉内隐记忆测试依赖于词语信息和词语的知觉特征,

---

[1] 采用启动范式的词语内隐记忆研究发现启动可以分为短时启动和长时启动两种。短时启动是指启动效应的持续时间很短(Forster,Davis,1984)。长时启动的持续时间可以达到数天(Jacoby,1983),甚至一年(Kolers,1975)。

但不同的内隐测试对知觉特征变化的敏感程度是否一致尚无定论。例如，Schacter 和 Church（1992）发现从学习阶段到测试阶段中，词语语音的变化在词干补笔和低通滤波词语识别中比在噪声遮蔽词语识别中对启动效应强度的削弱程度更大。与此相对，Sheffert（1998）在两种识别测试中均发现语音变化显著削弱启动效应的强度。

研究发现，先行跨通道启动实验的结果较为一致。哈比卜和尼伯格发现，视觉呈现目标词语后进行听觉残词补全测试中启动效应的强度比听觉呈现目标词语后的听觉残词补全测试中的启动效应强度要弱（Habib，Nyberg，1997）。Jackson 和 Morton（1984）发现，视觉呈现目标词语后进行听觉词语识别比听觉呈现目标词语后进行听觉词语识别中的启动效应强度要小。

Pilotti 等人（2000）比较了四种听觉内隐记忆测试对目标词语的知觉特征的敏感度。这四种听觉内隐测试分别是低通滤波词语识别、噪声条件下词语识别、词干补笔和残词补全。他们在实验的学习阶段和测试阶段为被试呈现的词语分为四种条件：视觉—听觉、相同语音、不同语音、学习过与未学习过的词语。其研究旨在考察从学习阶段到测试阶段的通道变化（视觉到听觉）和语音变化是否对四种测试结果产生不同的影响。结果显示，语音变化仅影响词语识别测试的结果，而对残词补全和词干补笔的结果未产生显著影响。除上述外，通道变化对词语识别和词语补全均产生了显著影响。除对被试进行四种内隐记忆测试外，Pillotti 等人还要求被试完成两项外显记忆测试：词语再认和提示回忆。结果显示，相同语音条件下的词语再认成绩优于不同语音条件下的词语再认成绩；通道改变对词语的再认未产生显著影响，而通道改变对提示回忆成绩产生了显著影响。无论语音是否相同，听觉通道中的词语回忆正确率均高于视觉通道中的词语回忆正确率。

综上所述，母语词语听觉启动具有以下主要特点（McDonough，Trofimovich，2011）。

1）稳定性

无论是儿童还是成年人在语言发展中听觉启动均表现相对的稳定性（constancy）。3 岁儿童跟成人在低通滤波词语识别任务中对重复词语的识别正确率一样高(Church，Fisher，1998)。学龄前儿童和成人具备相似的听觉词语启动效应量说明他们使用的学习机制相同。

2) 自动性

自动性(automaticity)：被试只需要听过目标词语一次就可以促进其之后的再加工。因此，听觉启动的产生具有迅速性或自动性(Goldinger，1996；姜帆，2016；黄发杰、孟迎芳 & 邵丹妮，2020)。

3) 刺激具体性①

刺激具体性(stimulus specificity)：研究表明，被试不仅对于重复的词语识别得更快、更准，而且识别重复的声音(Maibauer et al.，2014)，说话者的性别(Schacter，Church，1992)和语调(Church，Schacter，1994)也更快、更准。这说明，当被试两次听到同一个词语，且第二次听到的词语与第一次听到的词语具备两个或两个以上语境特征时，启动效应最强(姜帆、刘永兵，2015)。

4) 非语义性

非语义性(no sensitivity to semantic manipulations)：被试在听取词语时，无论其关注的是词语的意义还是形式，其在测试阶段所获得的启动效应在强度上无显著差(Mahdavian，Kormi-Nouri，2008)。这说明，听觉启动是在识别词语语音形式而不是识别词语意义中产生的(McDonough，Trofimovich，2011；姜帆、刘永兵，2014)。

2.2 词语识别与听觉启动的理论

2.2.1 激活论

激活论(activation-based theories)认为内隐记忆测试中的启动效应归因于已存表征、知识结构或 logogen(单词产生器)②的暂时激活(Morton，1982；Bock，Levelt，1994)。激活被认为是自动的、无须建立新的情景痕迹

---

① 刺激具体性是指在语言加工中能够被启动的不仅是重复的词语或词组而且还有它们的语境特征。

② logogen 是内部词典装置，它包含一个词语的全部信息。

的精加工。常见的激活论模型有以下几种：

1）词群激活模型

词群激活模型（Cohort Activation Model；Marslen-Wilson，1990）认为，当目标词语的心理表征达到了激活阈限①且与之竞争的表征被抑制时，目标词语即被识别。词语识别被认为是一个从候选词语中选择最佳候选的过程。被舍弃的候选词语的集合叫作词群（cohort）。马斯林-威尔森认为，听话人对词语的识别点②具有敏感度（Marslen-Wilson，1990）。词群激活模型认为，词语识别有三个阶段（Marslen-Wilson，1987）。首先，词语识别系统与语音信号的声觉音位表征相联系，由此激活一组候选词语，即词首词群（含有相同词首的词语）。其次，通过"获胜全得"（winner-take-all）的规则从词群中选择一个候选项。最后，所选词语被融入当下的会话语境，如图 2-1 所示。

/ɛ/	/ɛl/	/ɛlə/	/ɛləf/	/ɛɪləfənt/
aesthetic	elbow	elegiac	elephant	elephant
any	elder	elegy	elephantine	
	eldest	element	———	———
ebony	elegy	elevate	〔2〕	〔1〕
economic	elephant	———		
·	———	〔12〕		
element	〔28〕			
elevate				
·				
———				
〔324〕				

图 2-1　词群激活模型对"Elephant"的识别过程的解释（本图改编自 Jay，2003）

根据词群激活模型，心理词库中词语表征的通达是通过分析输入中的声觉语音特征来实现的。词首词群包括含有相似的音节头的词语。词语的

---

① 阈限指外界引起有机体感觉的最小刺激量。激活阈限是指需不断增加以便表征得以进入意识中的激活量。

② 词的识别点是指目标词语从候选词语中出现的那一点。

选择机制对输入中声觉语音特征、语义和句法语境均具有敏感度。与输入信号一致的候选词语得到激活,与之不一致的将被舍弃。Marslen-Wilson(1990)认为,激活是一个连续的过程,在该过程中大脑不断对词群中的词语进行判断和筛选。图2-1所示为当听话人听到"elephant"一词时,首先含有音位/e/的词语全部得到激活,如"aesthetic"和"any"等。然后,含有/el/的词语得到激活,如"elbow"和"elder",等。以此类推,大脑不断地从左向右根据音位从词首词群中选择候选词语,直到最终"elephant"胜出,得到识别(Jay,2003)。

词群激活模型的优点在于其能够解释言语识别的迅速性。此外,它还能够解释词首信息的重要性以及词语识别过程从左向右的顺序性,即当词群中没有其他竞争候选词语时,目标词语可在辨别其全部音素之前得到识别。然而,词群激活理论也存在问题。例如,它无法解释听话人如何识别模糊、不准确的词语,以及词首音素缺失的词语。识别含有这类词首音素的词语可能会激活错误的候选词语,从而导致词语识别失败(ibid.)。

2)词语产生器模型

词语产生器模型(the Logogen Model)是由Morton(1969,1982)开发的一个用于解释启动和词频效应的词语通达模型。在该模型中,每个词语在心理词库中被一个logogen(单词产生器)所表征。Logogen的语义通达不是通过搜寻,而是通过激活来完成的。Logogen好似一个计数器,它能够把与之有关的活动记录下来。每个logogen均有其阈限水平,只有达到阈限水平时词语才能得到识别。当活动不断增加时,logogen将触发词语的激活。同时,logogen之间为得到激活而相互竞争,没被识别的logogen处于激活的休眠状态。在logogen得到激活后,它的阈限将逐渐返回其休眠状态。最近得到激活的词语的阈限将在短期内保持降低的状态,因此与其他未得到激活的词语相比,其识别速度更快。这一点能够解释启动效应的工作机制。

Logogen系统接收的信息以平行的方式来源于正字法表征、音位表征或语义表征。与刺激相似的表征将得到激活,但只有一个会得到识别。一个logogen的识别将降低与其在视觉、听觉或语义上相似的词语的阈限。

相似词语阈限的降低则导致这些词语的识别速度得到提高。这一点为启动
提供了理论解释。词语产生器模型如图 2-2 所示。

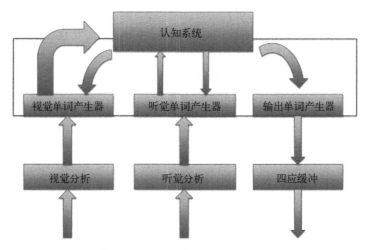

图 2-2　修改版词语产生器模型(Morton, Patterson, 1998)

　　词语产生器模型优点在于它能够解释邻域效应(neighborhood effect；
Luce，Pisoni，& Goldinger，1990)。词语的邻域包括与其在正字法和语音
上相似的所有词语。这些词语和目标词语之间只在一个音素或字母上存在
差异，如"hate"的邻域包括与其在正字法和语音上均相似的"late"、与其只
在正字法上相似的"hale"和与其只在语音上相似的"eight"(Jay，2003)。词
语的邻域密度不同，其使用频率也不同。词语的邻域密度和词频均影响词
语识别。Morton 认为高频词邻的识别速度比低频词邻的识别速度更快。
然而，词语产生器模型的缺点：首先，该模型是以词语的识别为基础的，因
此它无法解释亚词语单元，如音节或假词的加工过程。其次，它未能清楚地
阐释将声觉语音输入投射到 logogen 的知觉单位的成分。最后，该模型也未
能解释听觉输入和视觉输入中的语言信息如何整合这一问题(Jay，2003)。

　　3) TRACE 模型

　　TRACE 模型是基于视觉词语识别的互动激活模型(McClelland，
Rumelhart，1981)提出来的。TRACE 模型是一个交互作用的联结网络模
型。该模型有三个水平，按照网络层次水平的高低自下而上可分为特征水
平、音位水平和词语水平。各水平之间的联系是促进的，而水平内的联系则

是抑制的。当特征水平的节点被激活时,就会向上传递到音位水平和词语水平。激活是对称的和双向的,即高水平的词语信息也可以反馈来影响低层次水平的加工。TRACE 模型认为自上而下的信息在言语听辨的早期阶段即已参与加工,并发挥重要的作用(McClelland,1991)。

TRACE 模型强调各层次间的交互作用。与词群激活模型不同,它认为自上而下的语境信息在前词语阶段就对低层次水平进行反馈。该反馈能够促进合适特征的激活,从而指导知觉输入的加工。同时,这种反馈从知觉信息一输入就开始发生,在整个词语识别阶段促进或抑制下层特征的激活,如图 2 - 3 所示。

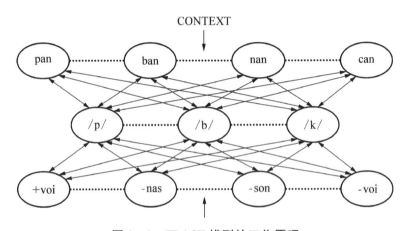

图 2 - 3　TRACE 模型的工作原理

TRACE 模型具有一系列的优点。首先,TRACE 模型认为,听觉言语加工不仅依赖于词首信息,同时还强调听觉刺激输入与心理词库之间的整体匹配效应,而词群激活模型只强调听觉言语加工的时序性,即词首在词语识别中发挥重要作用(Jay,2003)。其次,它认为不同分析水平之间具有双向联系,这能够解释词语识别过程中自下而上和自上而下的加工。最后,TRACE 模型利用高层次的词语信息来解决如音位恢复、歧义信息和切分问题等词语识别问题。然而,TRACE 模型也有其不足。一方面,它认为每个音位的加工时间均相同,但言语信息在时间上的长短并不一致(Klatt,1989)。另一方面,该模型只能解释较小的、包含单音节词语的心理词库。而对连续的成人言语输入,TRACE 模型的解释力显得不够充分。

4）词语加工双表征模型

词语加工双表征模型（two-representation model of word processing）是一个连接主义模型（Gupta，MacWhinney，1997；Luce et al.，2000）。连接主义模型的特点在于词语表征可以被激活，即听到或看到词语可以激活词语的心理表征。为识别词语，表征的激活必须达到其激活阈限。当词语表征达到激活阈限时，词语得到识别。当词语未得到激活时，处于休眠状态。不同词语的休眠阈限[①]不同。先前的语言经历可以改变词语表征的休眠阈限。具体来讲，反复得到激活的词语表征的休眠阈限将得到提高。这一点可解释词频效应，即高频词语比低频词语的休眠阈限更高，其更容易激活、提取和加工。如图 2 - 4 所示。

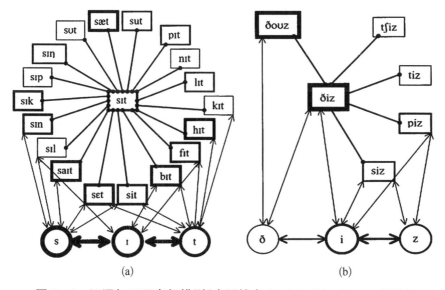

图 2 - 4　词语加工双表征模型（本图摘自 Storkel，Morrisette，2002）

在图 2 - 4 中，词语的休眠阈限由长方形边框线条的粗细程度来代表，长方形边框线条越粗表示其词语的休眠阈限越高。"these"的词语表征的休眠阈限比"sit"的更高。休眠阈限高的词语（如"these"）比休眠阈限低的词语（如"sit"）更容易激活（Storkel，Morrisette，2002）。先行研究发现，成人对高频词语的识别速度显著快于低频词语（Luce，Pisoni，1998）。高频

①　休眠阈限是指在词语未得到激活之前，词语表征最初的激活水平。

词语的产出正确率和速度也显著高于和快于低频词语(Dell,1990)。

双表征连接模型的另一个特点在于词语之间具有连接性,如图 2-4 所示。词语间连接的重要性在于它们能够使相关词语的激活扩散,从而抑制或促进相关词语表征的激活。因此,相关词语的表征可以影响目标词语的激活。在图 2-4 中,带黑点的线段代表抑制连接。带箭头的线段代表促进性连接。抑制连接代表抑制激活,而促进连接代表促进激活。抑制连接即抑制相关表征的激活,从而阻止这些表征达到其激活阈限。在这种情况下,词语的识别和产出将变慢或更容易出错。相反,促进连接即促进相关表征的激活,促使其达到激活阈限,从而提高其识别和产出的速度(Storkel,Morrisette,2002)。

由图 2-4 可见,目标词语(如"sit"和"these")与其所有词邻表征之间具有抑制连接,且连接强度均相等。连接强度由线段的粗细程度来代表,线段越粗,连接强度越大。例如,/sɪt/的词语表征与/sut/、/pɪt/和/nɪt/之间具有同等强度的连接。因此,词语的词邻与之连接强度相同。但词邻的数量决定了抑制目标词语激活的程度。邻域密度高的词语(如"sit")比词邻密度低的词语(如"these")受到的抑制更多。因此,邻域密度低的词语比邻域密度高的词语更容易激活、提取和加工(Vitevitch,2002)。

除词语表征外,该模型中还包括音位表征。语言表征的休眠阈限和连接强度受到音位配列概率的影响。经常被识别或产出的音位比很少被识别或产出的音位的休眠阈限更高,因此更加容易被识别。在图 2-4(a)中,音位表征/s/、/ɪ/和/t/被放到粗黑圈中,代表其休眠阈限较高,因为这三个音位在英语中出现的频率极高。相比之下,/ð/、/i/和/z/被放到粗细程度不同的黑圆圈中,代表这三个音位的频率不同,且/ðiz/的休眠阈限比/sɪt/的休眠阈限低。

在连接强度上,每个音位与其共同出现的音位之间具有促进连接,且该连接的强度可随语言经历的增加而发生改变。在词语加工中,当两个或两个以上的音位经常共同出现时,这些音位之间的连接则被加强(Vitevitch,Luce,1999)。该模型可以解释儿童和成人习得音位配列概率的过程。在图 2-4(a)中,/s/的音位表征与/ɪ/的音位表征之间的促进连接强度较高,因为英语中含有大量带有/sɪ/的词语。相比之下,在图 2-4(b)中,/ɪ/的音位表征与/ð/的音位表征之间的促进连接强度则不高,因为两个音位共同出现的频率不高。促进连接的强度决定相关音位的激活程度,因此促进连接强度高的语音序列比促进连接强度低的音位序列更容易达到激活阈限。

除词语表征和音位表征本身外,两种表征之间还存在着互动关系,即词语表征和音位表征之间具有促进连接(Storkel,Morrisette,2002)。图 2 - 4 所示为/sɪt/与/s/、/ɪ/和/t/之间具有促进连接。/ðiz/与/ð/、/i/和/z/之间具有促进连接。此外,/sɪt/和/ðiz/的词邻的词语表征与/s/、/ɪ/、/t/或/ð/、/i/、/z/也有连接。因空间有限,图 2 - 4 中无法画出全部词邻与音位表征之间的连接,如/sut/与/s/和/t/之间具有连接等。因词语表征与音位表征之间具有连接,因此这两种表征可以相互激活。

2.2.2 多重记忆系统论

传统上,人们将记忆分为陈述性记忆和过程性记忆,即二分法。陈述性记忆负责对过去事件有意识的回忆,而过程性记忆则负责技能和行为习惯的学习。与该二分法类似,Graf 和 Schacter(1985)提出了"外显记忆"和"内隐记忆"的概念。然而,越来越多的实验证据表明,记忆的二分法无法解释众多现象(Tulving et al.,1983)。因此,图尔文提出了多重记忆系统的观点(Tulving,1985)。波德拉克等人指出,记忆不是一个整体,而是由多个系统组成的(Poldrack et al.,2003)。显然,对记忆采用二分法似乎过于简单了。陈述性记忆负责对过去事件有意识的回忆,而非陈述性记忆负责无法有意识通达的行为(Squire,Zola,1996)。陈述性记忆依靠内侧颞叶的海马体,而非陈述性记忆依靠基底神经节的纹状体,如图 2 - 5 所示。

外显记忆属于陈述性记忆系统,该系统涉及新表征或数据结构的形成(Squire,Cohen,1984)。与之相对,诸如技能习得和重复启动等内隐记忆现象则属于过程性记忆系统。该

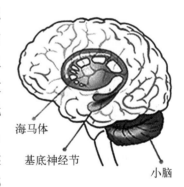

图 2 - 5 负责陈述性记忆和非陈述性记忆的大脑区域图(本图摘自 Krupa, 2009)

图中:海马体负责陈述性记忆;基底神经节负责非陈述性记忆。

海马体

基底神经节

小脑

系统中记忆的表达是通过加工过程的在线修改来完成的。多重记忆系统论认为,知觉启动是知觉表征系统操作的结果。知觉表征系统包括一组领域特定的加工模块,它们表征的是词语的形式信息,而加工视觉和听觉词语形式信息的知觉表征模块则不同(Schacter,1994)。多重记忆系统论的观点认为,内隐记忆和外显记忆测试任务利用的是完全不同的记忆系统:外显记忆的任务表现由外显记忆(或情景记忆)调节,但外显记忆对启动无影响(Schacter,1987)。Schacter 和 Church(1992)发现,学习阶段和测试中刺激的声觉信息的变化只降低启动效应,但并未完全使启动效应消失。他们认为,这可能意味着存在两个听觉知觉表征子系统:一个只储存纯粹的声觉信息,另一个只储存纯粹的音位表征。词语内隐记忆取决于两套只表征词语形式而不表征词语意义的前语义表征系统。在编码阶段,词语形式的两种表征得到计算:一种是语音符号的抽象表征,该表征脱离表层特征被储存在左脑中;另一种是词语的知觉表征,它脱离词语意义并被储存在右脑的前语义表征系统中。当刺激的声觉信息发生变化时,第二个更加抽象的子系统发挥更大的作用将启动效应保存下来。Church 和 Schacter(1992)进一步提出,语音特定启动可能需要使用情景记忆在测试时将两个听觉子系统中的表征进行综合。正常被试需使用词语抽象的和具体的两种信息完成任务。

2.2.3 加工论

与多重记忆系统理论相对的另一个理论加工论认为只存在一个包含各种加工操作的情景记忆系统。加工论试图阐明编码和提取过程的本质与联系来说明外显记忆和内隐记忆之间的区别(Roediger,Blaxton,1987)。加工论认为,信息编码和提取过程主要有两种驱动模式,即概念驱动加工和数据驱动加工(Jacoby,1983;Roediger,Blaxton,1987)。概念驱动加工是指被试个人发起的如精加工、组织和重组之类的认知活动,而数据驱动加工是由测试材料的信息或数据发起的。尽管外显记忆测试任务和内隐记忆测试任务都有概念驱动加工和数据驱动加工的成分,但研究者认为外显记忆测试主要依赖概念驱动加工,而内隐记忆测试主要依靠数据驱动加工。因此,这两种记忆测试任务中表现的不同是由概念驱动加工和数据驱动加工之间的差异造成的。迁移适合加工理论认为事件在记忆系统中创建了独一无二的情景痕迹,包括编码时的加工(Morris, Bransford, & Franks, 1977)。而词语的识别是通过与先前情景的相似性来完成的。记忆的表现取决于提取条件是否复原了编码时的加工操作或与之相匹配(Craik, 2002)。Roediger (1990)认为,诸如知觉识别之类的内隐记忆任务是数据驱动的,因为这类任务对于测试时的刺激输入是否与学习时的刺激输入相似具有敏感性。以相同的知觉形式重复词语可以降低该词语的处理难度和增加处理的流畅度。因此,当第二次阅读或听取某一词语时,如果该词语的知觉形式与第一次阅读或听取该词语时保持一致的话,那么启动效应则更强。这是因为词语识别和提取时的加工操作与之前学习时的加工操作具有一致性。

2.3 外语词语内隐记忆研究

目前,大部分外语词语内隐记忆研究关注的是视觉通道中的词语内隐记忆(例如,Christoffanini et al., 1986;Jiang, 1999)。只有少数研究者考察了听觉通道中的外语词语内隐记忆(例如,de Bot et al., 1995;Ju, Church, 2001; Bird, Williams, 2002; Trofimovich, 2005, 2008; Trofimovich, Gatbonton, 2006;姜帆、刘永兵,2014;姜帆、刘永兵,2015;姜帆,2016)。这些研究的总体发现是,外语学习者跟英语母语者一样,在听取外语词语时能够产生听觉启动效应。

例如,迪波特等人采用词语判断任务对母语为标准荷兰语和荷兰语方言的双语被试进行了测试(De Bot et al., 1995)。结果显示,被试在听过标准荷兰语后对标准荷兰语的反应速度变快,而且在听过荷兰语方言后对其反应速度也变快。研究表明:被试的两种语言中均存在听觉启动效应。

伯德和威廉姆同样采用一种词语判定任务考察了高水平英语学习者的外语词语听觉内隐记忆(Bird, William, 2002)。其研究发现,学习者对先前听取的外语词语产生了显著的听觉启动效应,说明听取外语词语的经历能够促进其听觉内隐记忆。

梁考察了听觉启动在外语学习者元音音素学习中的作用(Leong, 2009)。结果发现,听觉启动能够帮助英语学习者提高英语元音音素习得的质量,即帮助英语学习者构建与英语母语者相似的英语元音音素的音位表征。

卡吉欧采用跟读任务考察了 44 名印度尼西亚英语学习者是否利用听觉启动习得英语词语的重音(Karjo,2012)。结果显示,被试能够在产出和识别英语词语的重音时从听觉启动中受益,提高其词语重音的习得正确率。

2.3.1 语音特定性对外语词语听觉内隐记忆的影响

Trofimovich(2005)采用跟读任务考察了低水平英语学习者的外语词语听觉内隐记忆。在测试阶段,他让学习者听取的一部分词语与学习阶段听取的词语都是由相同的朗读者录制的。另一部分测试阶段的词语与学习阶段听取的词语不同,是由不同的朗读者录制的。结果显示,学习者对由相同朗读者朗读的词语的反应时显著快于由不同的朗读者朗读的词语的反应时。这表明,外语学习者对外语听觉词语的具体信息敏感,即他们能够对外语听觉词语的具体知觉信息进行编码,并将该信息用于之后的词语加工中(Bradlow,Pisoni,1999)。该结果也说明外语学习者对听觉词语的抽象信息不够敏感,即未能对由不同朗读者朗读的词语语音进行抽象,从而构建抽象的音位表征。由此可见,能够忽略说话人语音中存在的变异的能力似乎无法轻易地由母语转移到外语中,特别是对外语初学者来说。在外语学习的初期,学习者似乎更加依赖于外语词语的具体语境信息。该研究表明,有必要让外语学习者接触大量的来自不同人的外语输入,从而使学习能够逐渐忽略说话人语音中存在的变异,构建抽象的音位表征以便在不同的语境中识别同一词语。

2.3.2 加工水平对外语词语听觉内隐记忆的影响

首先,Trofimovich (2003)考察了加工水平对以英语为母语的西班牙语学习者的词语听觉内隐记忆的影响。在学习阶段,他要求被试或者关注词语的听觉特征(浅加工),或者关注词语的概念特征(深加工)。在测试阶段,被试完成了一个西班牙语词语跟读任务。结果发现,深加工条件下的听觉启动效应量显著降低。

其次,Trofimovich 和 Gatbonton (2006)采用跟读任务考察了以英语为

母语的西班牙语学习者听取母语和外语词语对其内隐记忆的影响。在实验
一中的学习阶段,学习者听取了母语和外语词语,并在测试阶段对听取的词
语进行了跟读。在实验二中,被试在听取词语时,或关注词语的意义,或关
注词语的形式。实验一发现,被试的母语和外语听觉启动效应量无显著差
异。实验二结果显示,除西班牙语发音水平较低的被试在关注词语意义时
未产生显著的启动效应外,其他各种条件下均产生了显著的启动效应。该
研究表明,外语学习者能够从重复的听觉输入中受益。然而,当学习者,特
别是外语发音能力较低的学习者关注词语意义时,这种收益将极大减少。
可见,外语词语听觉内隐记忆源于对外语词语语音形式的关注,尤其是对外
语发音能力较低的学习者。

最后,Trofimovich(2008)考察了加工水平对中国英语学习者听觉内隐
记忆的影响。他让一部分学习者采用深加工,即关注目标语的意义,另一
部分学习者采用无侧重加工,即学习者只需要正常听取词语。结果表明,深
加工降低了启动效应的强度。

以上三项实验结果表明,加工水平对母语词语和外语词语的启动效应
具有不同的影响,即虽然词语的深加工对于母语词语的启动效应量无显著
影响,但它能够大幅削减外语词语的听觉内隐记忆强度。

2.3.3　呈现方式对外语词语内隐记忆的影响

目前,绝大部分内隐记忆研究关注的是呈现方式对母语词语内隐记忆
的影响(例如:Nicolas,1998;Nicolas,Lerouz-Ziegler,2000;Nicolas,
Soderlund,2000;Masson,MacLeod,2000)。先行母语词语内隐记忆研究
发现了语境效应,即在有意义的语境中呈现目标词语将削弱或消除启动
效应。

例如,尼古拉斯和索德伦采用词干补笔任务考察了 48 名法国大学生对
完整语篇中的单个词语的跨通道启动效应(Nicolas,Soderlund,2000)。结
果显示,在完整语篇中呈现过的词语都产生了显著的启动效应,且低频词语
的启动效应显著高于高频词语。

姜帆、刘永兵(2014)以初级英语学习者为被试,采用启动研究范式考察
孤立听取英语词语和在语篇中听取英语词语对内隐记忆的影响。结果发

现,无论孤立听取词语还是在语篇中听取词语,先前听取词语的经历都促进了之后对相同词语的再识别,但孤立听取词语比在语篇中听取词语对内隐记忆的促进作用更大。

目前,我国研究者从不同角度考察了我国外语学习者对外语词语的习得情况。

例如,常辉、郑丽娜(2008)利用词汇产出任务考察了我国英语学习者对二语动词规则形式与不规则形式大脑表征问题。结果发现,二语习得者能够区分动词的规则形式和不规则形式。而且,规则动词不具有词频效应与音系相似性效应,然而不规则动词具有词频效应和音系相似性效应。

于翠红、张拥政(2012)采用试卷测试的方法考察了我国学习者二语习得某阶段词汇指称能力、推理能力与特定语境下词汇释义能力三维度的发展状况及其相互关系。该研究发现:① 学习者词汇能力的各维度发展不平衡;② 学习者的推理能力对特定语境下词汇释义能力的预测比词汇指称能力更强,尽管这两种能力均能够对特定语境下的词汇释义能力进行预测;③ 他们发现语境构建有助于学习者词汇语用推理的使用并促进词汇综合能力的发展。

张会平、刘永兵(2013)在我国英语初学者写作语料库中检索几个常用动词的使用特征,从词汇搭配、类联接和语义韵这三个方面讨论了词汇层概念迁移与语法层概念迁移。其研究发现,我国英语初学习者在词汇层面和语法层面上均发生较高频率的、具有系统性特征的概念迁移偏误。

李海龙、王同顺(2013)使用 E-prime 软件为被试呈现同形异义词、隐喻多义词、转喻多义词、单义控制词、填充词和假词并要求被试判读其看到的字母串是真词还是假词,从而考察我国非英语专业和英语专业英语学习者词汇加工中的歧义效应。结果发现,不同类型歧义词的歧义效应存在显著差异,同时歧义效应受到学习者英语水平的影响。

于翠红(2013)利用试卷测试的方法(视觉词汇、听觉词汇、段落听写和听力理解四份测试问卷)考察了我国英语学习者的词语视觉、听觉的协同发展对其听觉信息加工的成效。其研究发现,被试呈现视觉词汇优先、听觉词汇较缓的不平衡状态。而且视觉词汇和听觉词汇对听力信息加工的影响不同,听觉词汇与听力能力存在显著的相关关系,并能够预测其发展状况。同时，视觉词汇和听觉词汇的协同发展是听力技能发展的重要因素。

孙继平、孙秀丽(2014)通过课堂教学实验考察了二语词汇联想网络习得模式在大学英语词语教学中的效果。该研究发现，长时间利用词汇联想网络比在语境中学习单词更有利于各水平的学习者。然而在短期内，该模式对中等水平和高等水平的学习者的词汇习得未发生显著的促进作用。他们还发现词汇联想网络模式对中等水平学习者词汇习得的促进作用大于对初级和高级学习者的促进作用。

刘绍龙、王柳琪(2013)采用词语翻译和命名任务考察了不同水平的二语学习者的双语词语表征类型和其对翻译词语通达的影响。结果发现：① 双语者的二语水平决定了双语的联系类型和强度；② 双语词语表征类型对不同水平的二语学习者的词语翻译无论在方向上还是在质量上均产生显著影响。

然而，目前尚未发现我国研究者采用启动范式对我国学习者的外语词语听觉内隐记忆开展系统的研究。这一点可能与我国外语教学中一直强调外显记忆有关。鉴于内隐记忆在外语学习中的重要性与我国相关研究的匮乏性，开展本研究具有十足的必要性。本研究将对现有外语词语习得研究进行有益的补充，有利于更加全面、深入地了解我国学习者的外语词语习得过程。

综上所述，语音特定性、加工水平和听取方式在母语词语听觉内隐记忆中得到了广泛的研究，并取得了丰富的成果。但目前词语内隐记忆研究的对象大多是以英语为母语的被试。实验中的目标语言也多为英语和西班牙语等。为了验证现行研究的生态有效性，有必要拓展研究对象和目标语言等，对不同水平的外语学习者开展研究。本研究立足先行研究，将主要对影响词语内隐记忆的四个因素开展实验研究。这四个因素包括语言(母语和外语)、词语语音(英语母语者语音和外语学习者语音)、加工水平(深加工和浅加工)和呈现方式(孤立呈现和在语篇中呈现)。在先行研究的结果之上，本文提出四个研究问题(具体请参阅第 3 章)。揭示语音特定性、加工水平和听取方式对外语词语内隐记忆的影响将有助于我们采取积极的策略提高学习者外语词语音位表征构建的速度和强度，增强其内隐记忆，最终促进其外语词语的总体习得过程。

2.4 本章小结

本章首先介绍了外显记忆和内隐记忆之间在知识类型、加工操作、意识参与、测量方法和表现形式上存在的异同,并着重介绍了内隐记忆的测量方法和影响词语内隐记忆的因素。然后,笔者回顾了内隐记忆的相关理论,如激活论、多重记忆系统论和加工论,并剖析了各种理论模型对内隐记忆的解释力与其存在的不足。最后,梳理了先行针对语音特定性、加工水平和呈现方式对外语词语听觉内隐记忆的影响的研究成果。

第 *3* 章
研究方法

本章主要提出研究问题,并描述研究方法的 6 个方面,即被试选取与分组、实验材料的选择与录音、实验设计、实验设备与程序、实验过程、数据统计与分析方法。

3.1 研究问题

为揭示听觉启动认知机制在外语词语学习和加工中的作用,特别在没有正字法信息提示的情况下,学习者的外语词语听觉内隐记忆受到哪些因素的影响,本研究提出的问题如下:

(1) 以汉语为母语的外语学习者是否使用相同的听觉启动认知机制构建和提取母语词语和外语词语的音位表征?

(2) 外语词语听觉内隐记忆如何受到语音特定性、加工水平和词语呈现方式的影响?

3.2 研究框架

根据研究问题,本研究的研究框架如图 3-1 所示。

由图 3-1 可见,本研究的主题"词语听觉内隐记忆"包括两大方面:一是母语词语听觉内隐记忆,二是外语词语听觉内隐记忆。本研究的最终目的是探究外语词语听觉内隐记忆,因此对母语词语听觉内隐记忆的考察旨在将其结果作为参照物,用以与外语词语听觉内隐记忆进行比较。本研究考察的影响外语词语听觉内隐记忆的三个自变量分别是语音特定性(词语

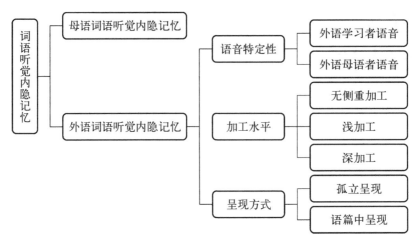

图 3 - 1 本研究的研究框架

朗读者的语音)、加工水平和呈现方式。因此,研究共包括四项实验,分别考察母语词语听觉内隐记忆和上述三个自变量对外语词语听觉内隐记忆的影响。

这四项实验: ① 实验一"母语词语和外语词语加工中的听觉启动认知机制";② 实验二"语音特定性对外语词语听觉内隐记忆的影响";③ 实验三"加工水平对外语词语听觉内隐记忆的影响";④ 实验四"听取方式对外语词语听觉内隐记忆的影响"。

3.3 具体研究方法

本研究的四项实验在设计上具有大量的共同点,因此下面将按照被试选取与分组、实验材料的选择与录音、实验设计、实验设备与程序、实验过程、数据统计与分析方法的顺序逐一具体介绍。

3.3.1 被试

3.3.1.1 被试的选取
通过《被试基本信息调查问卷》①,从吉林省某重点高校的 110 名英语

———————————

① 共发放问卷 110 份,回收有效问卷 105 份,详见附录三。

专业大一学生中根据以下标准选取被试：

（1）在汉语、英语学习经历和语言水平等方面与其他被试不存在显著差异。

（2）年龄在 18～20 周岁、智力正常、无学习障碍的健康者。

（3）视力水平、听力水平、母语和外语发音均为正常者。

最终参加实验的 90 名被试中有 8 名男生和 82 名女生。被试的平均年龄为 18.63 周岁（$SD = 0.71$）。实验结束后，每位被试将得到两支笔作为答谢。

3.3.1.2 被试的母语背景

经问卷统计，90 名被试中有 77 人来自东北三省，其余 13 人来自其他省份。其中，87 名被试为汉族，其从出生开始就接受汉语普通话输入。3 名被试为少数民族，但从出生开始父母与其一直使用普通话交流。此外，所有被试从小学一年级起学习的课程均以普通话讲授。通过与被试进行口语会话交流发现，所有被试的汉语发音均正常，并未发现口吃或平卷舌不分的情况，90 名被试的高考语文平均成绩为 114.86 分（$SD = 12.96$）。

3.3.1.3 被试的母语水平自我评价

全体被试根据自身情况从以下 4 个方面对其母语水平进行了评价。其中有 72.8% 的被试认为自己的母语总体水平为优秀，55% 的被试认为其母语总体水平良好，另外有 7% 的被试认为自己的母语总体水平一般，具体结果如表 3-1 所示。

表 3-1 被试母语水平自我评价表

评价方面	M	SD	t	p
汉语总体水平	3.23	0.58	52.75	0.00
汉语听力水平	3.42	0.60	54.18	0.00
汉语发音能力	3.67	0.66	50.07	0.00
汉语朗读能力	3.38	0.70	46.02	0.00

由表 3-1 可见，被试对其汉语水平的自我评价得分均在 3～4 分（各项

满分均为 5 分)。被试在各方面的评价上存在显著差异。在这 4 个评价方面中,被试认为其汉语发音能力比其他方面能力更强。

3.3.1.4 被试的外语背景

被试的平均英语学习年限为 11.23 年($SD=2.20$)。 被试的高考英语平均成绩为 125.78 分($SD=8.99$)。 参加实验时,所有被试均接受学院每周 15 次的英语课程。虽然没有被试曾在以英语为母语的国家生活或学习过 3 个月以上,但部分被试学习过除英语以外的外语,具体如表 3-2所示。

表 3-2 被试外语学习经历统计

被 试 编 号	外 语 名 称	学习时间(月)
5	韩 语	2
9	日 语	4
14	德 语	4
33	日 语	2
34	日 语	2
37	德 语	2
40	泰 语	2
61	法 语	2
74	西班牙语	2
84	韩 语	12

由表 3-2 可见,有 10 名被试曾学习过英语以外的外语,时间在 2 个月到 24 个月不等。

3.3.1.5 外语水平自我评价与测试

1) 外语水平自我评价

经《被试基本信息调查问卷》统计,7.7% 的被试认为自己的英语总体水平为优秀,54.9% 的被试认为自己的英语总体水平良好,另外 35.2% 的被试认为自己的英语总体水平一般,最后有 1.1% 的被试认为自己的英语总体水平较差。被试外语水平的自我评价结果如表 3-3 所示。

表 3-3 被试外语水平自我评价表

评 价 方 面	M	SD	t	p
英语总体水平	2.70	0.63	40.90	0.00
英语听力水平	2.56	0.77	31.65	0.00
英语发音能力	2.69	0.66	38.39	0.00
英语朗读能力	2.68	0.68	37.13	0.00

在大部分外语语音习得研究中,学习者的外语经历只能通过被试的自我报告或者评定的方式进行测量(Flege,2009),因此在本研究中研究者也采用自我报告的方式对被试的外语使用情况进行调查。结果发现,2%的被试表示在课后不使用英语,32%的被试表示在课后基本不使用英语,33%的被试表示在课后偶尔使用英语,另外 23%的被试表示在课后会经常使用英语。被试在课下接触英语的途径主要有听英文歌曲、观看英文电影、与外国人交流、参加英语辩论小组、与室友用英语交谈和阅读英文报纸、杂志等。调查结果显示,大部分被试(77%)在课下使用英语的频率较低。

2) 外语口语能力测试

为确保全体被试在英语发音和朗读能力上不存在显著差异,研究者在被试完成实验后对其进行了英语口语测试(详见附录五)。测试过程全程录音,最后由 2 名中国籍英语教师对每位被试的朗读录音进行打分(评分标准详见附录六),评分结果如表 3-4 所示。

表 3-4 被试口语能力测试结果

口语成绩(分)	人 数	所占全体比例(%)
9~10	20	22.2
8~9	46	51.1
7~8	22	24.5
6~7	2	2.2

经统计,被试的口语测试平均分为 8.31 分($SD = 0.67$)。

(1) 被试在英语口语能力上存在显著差异：$t = 118.11, p = 0.00$。

(2) 被试发音水平自我评价与英语口语测试成绩之间具有显著的相关关系：$r = 0.77, p = 0.00$。

(3) 被试朗读能力自我评价与英语口语测试成绩之间具有显著的相关关系：$r = 0.79, p = 0.00$。

该结果说明，被试对自己的发音水平和朗读能力有较清楚的认识和客观的评价。被试口语能力测试的各项得分和其差异情况如表 3-5 所示。

表 3-5　被试口语能力测试项目得分情况

项　目	M	SD	t	df	p
发　音	2.00	0.23	81.71	89	0.00
重　音	2.04	0.27	72.34	89	0.00
语　速	2.20	0.31	67.70	89	0.00
正确性	2.02	0.25	76.87	89	0.00
总　分	8.29	0.65	121.80	89	0.00

由表 3-5 可见，在各项目满分为 2.5 分的情况下，被试在发音、重音、语速和正确性方面的平均得分均在 2 分以上，说明被试的英语口语能力较好。在四个项目中，以语速的平均得分最高（$M = 2.20, SD = 0.31$），被试的发音平均得分最低（$M = 2.00, SD = 0.23$），具体如下：

(1) 大部分被试在朗读含有"th"字母组合的词语，如"that"时，未能将"th"发成齿间摩擦音。

(2) 被试在长元音如"spee ch"和前元音 /æ/ 的发音上也容易出现问题。

(3) 在重音方面，被试在"everybody"和"disappointed"上容易出现问题。

(4) 在各项目得分上，被试间存在显著差异，说明被试的英语口语水平高低不一。

3.3.1.6　被试分组情况

研究者从 90 名被试中随机选取 30 名被试参加实验一和实验二,其余60 名被试参加实验三和实验四。

1) 实验一和实验二的被试情况

参加实验一和实验二的被试具体情况如表 3-6 所示。

表 3-6　实验一、实验二的被试情况

项　　目	M	SD	t	p
年　　龄	18.80	0.76	135.29	0.00
英语学习年限	11.30	2.55	24.29	0.00
高考语文分数	116.00	7.22	88.05	0.00
高考英语分数	126.77	10.77	64.49	0.00
汉语总体水平	3.23	0.57	31.16	0.00
汉语听力水平	3.33	0.66	27.63	0.00
汉语发音水平	3.37	0.76	24.11	0.00
汉语朗读能力	3.37	0.72	25.67	0.00
英语总体水平	2.60	0.67	21.11	0.00
英语听力水平	2.60	0.77	18.49	0.00
英语发音水平	2.63	0.72	20.08	0.00
英语朗读能力	2.53	0.68	20.36	0.00
课下英语使用	1.77	0.82	11.84	0.00
英语口语测试	8.23	0.77	58.27	0.00

由表 3-6 可见,被试在英语和汉语的各方面能力上均存在显著差异。因被试的选取采用的是随机抽样的办法,该差异较难避免。然而,实验一和实验二采取被试内实验设计,故被试间的差异对实验结果不会造成显著影响。

2) 实验三被试情况

全体 60 名被试被随机分为基线组($n=20$)、浅加工组($n=20$)和深加工组($n=20$)。各组被试的具体情况如下:

（1）基线组被试情况。如表 3 - 7 所示。

表 3 - 7 实验三基线组被试情况统计表

项　　目	M	SD	t	p
年　　龄	18.25	0.55	148.36	0.00
英语学习年限	10.25	2.15	21.33	0.00
高考语文分数	113.95	6.77	75.27	0.00
高考英语分数	126.15	7.60	74.26	0.00
汉语总体水平	3.25	0.55	26.42	0.00
汉语听力水平	3.40	0.50	30.25	0.00
汉语发音水平	3.45	0.60	25.51	0.00
汉语朗读能力	3.30	0.66	22.47	0.00
英语总体水平	2.65	0.67	17.67	0.00
英语听力水平	2.55	0.83	13.81	0.00
英语发音水平	2.65	0.75	15.90	0.00
英语朗读能力	2.75	0.79	15.64	0.00
课下英语使用	2.25	0.91	11.05	0.00
英语口语测试	8.56	0.72	52.82	0.00

由表 3 - 7 可见，基线组被试在年龄、英语学习年限、英语和汉语各方面能力上存在显著差异。

（2）浅加工组被试。如表 3 - 8 所示。

表 3 - 8 实验三浅加工组被试情况统计表

项　　目	M	SD	t	p
年　　龄	18.55	0.60	137.17	0.00
英语学习年限	11.85	1.53	34.61	0.00
高考语文分数	111.70	24.89	20.07	0.00
高考英语分数	125.85	7.51	74.98	0.00

项　　目	M	SD	t	p
汉语总体水平	3.25	0.64	22.76	0.00
汉语听力水平	3.45	0.60	25.51	0.00
汉语发音水平	3.35	0.67	22.33	0.00
汉语朗读能力	3.30	0.73	20.14	0.00
英语总体水平	2.90	0.55	23.47	0.00
英语听力水平	2.65	0.59	20.18	0.00
英语发音水平	2.75	0.55	22.36	0.00
英语朗读能力	2.75	0.55	22.36	0.00
课下英语使用	1.65	0.81	9.08	0.00
英语口语测试	8.19	0.45	81.24	0.00

由表 3-8 可见,浅加工组被试在年龄、英语学习年限、英语和汉语的各方面能力上存在显著差异。

(3) 深加工组被试。如表 3-9 所示。

表 3-9　实验三深加工组被试情况统计表

项　　目	M	SD	t	p
年　　龄	18.85	0.75	113.13	0.00
英语学习年限	11.50	2.09	24.61	0.00
高考语文分数	117.20	4.74	110.54	0.00
高考英语分数	123.85	9.04	61.27	0.00
汉语总体水平	3.20	0.62	23.25	0.00
汉语听力水平	3.55	0.60	26.25	0.00
汉语发音水平	3.75	0.44	37.75	0.00
汉语朗读能力	3.55	0.69	23.13	0.00
英语总体水平	2.70	0.57	21.14	0.00
英语听力水平	2.40	0.88	12.16	0.00

续　表

项　　目	M	SD	t	p
英语发音水平	2.75	0.64	19.26	0.00
英语朗读能力	2.75	0.72	17.17	0.00
课下英语使用	1.80	0.70	11.57	0.00
英语口语测试	8.30	0.59	62.50	0.00

由表 3-7～表 3-9 可见,各组内被试在汉语和英语的学习年限以及各方面语言能力上均存在显著差异。为检验三组被试间是否存在显著差异,研究者对三组被试进行了单因素方差分析,结果如表 3-10 所示。

表 3-10　实验三三组被试在各方面的差异情况

项　　目	df	F	p
年　龄	2	4.41	0.02
英语学习年限	2	3.75	0.03
高考语文分数	2	0.67	0.52
高考英语分数	2	0.48	0.62
汉语总体水平	2	0.05	0.96
汉语听力水平	2	0.36	0.70
汉语发音水平	2	2.57	0.09
汉语朗读能力	2	0.87	0.43
英语总体水平	2	0.97	0.39
英语听力水平	2	0.53	0.59
英语发音水平	2	0.16	0.85
英语朗读能力	2	0.00	1.00
课下英语使用	2	2.96	0.06
英语口语测试	2	0.00	1.00

从表 3-10 可见,三组被试在年龄和英语学习年限上具有显著差异: $F(2)=3.75$, $p=0.02$。除此之外,三组被试在其他各方面均不存在显著

差异。作为混合实验设计,三组被试之间不存在显著差异,可以确保组间变量(加工水平)对因变量(RT)主效应的效度。

　　3) 实验四的被试情况

　　全部 60 名被试被随机分为孤立组($n=30$) 和语篇组($n=30$),具体情况如表 3-11 所示。

表 3-11　实验四孤立组和语篇组被试在各方面的差异情况

项　　　目	被试组别	M	SD	t	p
年　龄	孤立组	18.43	0.68	−1.35	0.18
	语篇组	18.67	0.67		
英语学习年限	孤立组	10.53	2.26	−2.67	0.01
	语篇组	11.87	1.55		
高考语文分数	孤立组	115.43	6.47	0.59	0.56
	语篇组	113.13	20.41		
高考英语分数	孤立组	125.83	8.56	0.53	0.60
	语篇组	124.73	7.52		
汉语总体水平	孤立组	3.20	0.61	−0.43	0.67
	语篇组	3.27	0.58		
汉语听力水平	孤立组	3.40	0.56	−0.91	0.37
	语篇组	3.53	0.57		
汉语发音水平	孤立组	3.57	0.57	0.65	0.52
	语篇组	3.47	0.63		
汉语朗读能力	孤立组	3.43	0.63	0.56	0.58
	语篇组	3.33	0.76		

项　　目	被试组别	M	SD	t	p
英语总体水平	孤立组	2.67	0.66	−1.08	0.29
	语篇组	2.83	0.53		
英语听力水平	孤立组	2.57	0.90	0.33	0.74
	语篇组	2.50	0.63		
英语发音水平	孤立组	2.67	0.76	−0.60	0.55
	语篇组	2.77	0.50		
英语朗读能力	孤立组	2.77	0.77	0.19	0.85
	语篇组	2.73	0.58		
课下英语使用	孤立组	2.10	0.84	1.89	0.06
	语篇组	1.70	0.79		
英语口语测试	孤立组	8.47	0.72	1.49	0.14
	语篇组	8.23	0.45		

由表 3−11 可见：两组被试之间只在英语学习年限上存在显著差异：$t(1)=-2.67, p=0.01$。两组被试间在其他各方面上均不存在显著差异。与实验三一样，实验四也为混合实验设计，两组被试之间不存在显著差异的结果可以确保组间变量（呈现方式）对因变量（RT）主效应的效度。

3.3.2　实验材料

3.3.2.1　实验一的实验材料选取

实验一的实验材料共包括 60 个汉语词语和 60 个英语词语[①]（详见附录七、附录八和附录十九）。从《现代汉语常用词表》(2008)中，按照拼音开

---

① 英语词语同实验四。

头的声母或韵母的顺序选取 60 个汉语词语,其中包括名词、动词、形容词和副词。每个声母或韵母开头的词语选取 4 个,如以"a"开头的词语有"爱情""按键""遨游"和"安排"。所有词语均由 2 个汉字组成。

之后,将全部 60 个汉语词语分成两组:重复词语($n = 30$)和未重复词语($n = 30$)。分组标准:重复词语和未重复词语各包括两个以相同声母或韵母开头的词语,详见附录八。

鉴于翘舌音比平舌音的发音难度更大,目标词语中只包括了 3 个翘舌音"zh""ch"和"sh"。60 个汉语目标词语中包含翘舌音的词语共 6 个,占总词语的 10%。全体目标词语的总体特征如表 3 - 12 所示。

表 3 - 12　实验一重复词语和未重复词语的基本情况

词 语 类 型	数量(个)	音节 M（SD）
英语重复词语	30	2.43(0.86)
英语未重复词语	30	2.47(0.94)
汉语重复词语	30	2.00(0.00)
汉语未重复词语	30	2.00(0.00)

由表 3 - 12 可见,全部 120 个目标词语被分为重复词语($n = 60$)和未重复词语($n = 60$)。其中,重复词语和未重复词语各包括 30 个英语词语和 30 个汉语词语。英语重复词语和英语未重复词语在音节长度上不存在显著差异:$t = -0.14, p > 0.05$。汉语重复词语和汉语未重复词语在音节长度上也不存在显著差异。

3.3.2.2　实验二的实验材料选取

实验材料的选择直接影响到实验结果的效度和信度。因此,研究者从以下 4 方面出发,以平衡各种因素科学地选择实验材料:

(1) 在首字母方面,词语的首字母包含 26 个字母中的 16 个。在实验材料中有许多具有相同音节头的词语,如"action"和"answer"。Murrell 和Moton(1974)指出,形态上相似的词语可促进彼此的识别过程,如"seen"可以促进"sees"的识别,但视觉上相似的词语则不能彼此促进识别过程,如

"seen"无法促进"seed"的识别。并且,语音上相似的词语也无法彼此促进识别过程,如"frays"和"phrase"。需要注意,词语中不包括以字母"p""b""t""d""k"和"g"开头的词语,因为以爆破音"/p/、/b/、/t/、/d/、/k/、/g/"开头的词语所含能量较高。能量高的音节头更容易触发语音键,从而使跟读的反应时比以其他音节头的词语的反应时更快(Tyler et al.,2000)。同时,英语中以"x"和"z"开头的词语较少,且使用频率相对较低,故目标词语中未包括以"x"和"z"开头的词语。

（2）在词性上,目标词语包括了全部 6 种实词。当某词语具有多种词性时,笔者取其最常用的词性对其进行标记。

（3）在词语频率上,根据美国当代英语语料库(COCA),所选词语在 4 亿 5 千万形符中出现次数为 2 万次以上的。

（4）在词语的音节数量上,绝大部分词语为双音节词语(重复词语 18 个,未重复词语 23 个),其次为单音节词语(重复词语 7 个,未重复词语 5 个),其余为多音节词语(重复词语 5 个,未重复词语 2 个)。

最终选取的 60 个目标词语及词语特征详见附录九和附录十。在目标词语中,30 个词语出现在实验的学习阶段(重复词语),另外 30 个词语(未重复词语)和重复词语一起出现在实验的测试阶段。重复词语和未重复词语的基本情况如表 3-13 所示。

表 3-13　实验二重复词语和未重复词语的基本情况

词语类型	数量(个)	音节 $M(SD)$	频率 $M(SD)$
重复词语	30	1.97(0.72)	88 074.17(57 271.33)
未重复词语	30	1.90(0.48)	113 894.50(61 038.02)

由表 3-13 可见,重复词语和未重复词语在音节数上的差异不显著: $t=0.42$, $p>0.05$。重复词语和未重复词语在词频上的差异也不显著: $t=-1.69$, $p>0.05$。因词频影响词语通达的速度,确保目标词语在词频上不具有显著差异可确保实验结果的效度。

3.3.2.3　实验三的实验材料选取

实验三的目标词语来自 Trofimovich(2003)对以英语为母语的西班牙

语二语习得者进行的外语词语听觉启动研究（详见附录十二和附录十三）。因其的实验，被试的母语为英语，而本实验中被试的外语为英语，所以两次实验结果具有一定的可比性。通过对比可以看出英语学习者和英语母语者对相同英语词语的启动效应强度是否存在显著差异。由此推断听觉启动认知机制在母语词语和外语词语加工中是否存在差异，以及差异量的大小。

实验材料特征详见附录十一。实验材料的大体情况如表 3-14 所示。

表 3-14 实验三重复词语和未重复词语的基本情况

词语类型	数量（个）	音节 $M(SD)$	频率 $M(SD)$
重复词语	36	2.28(0.45)	86 355.94(1.163 8×10^5)
未重复词语	36	2.25(0.44)	73 243.56(1.314 2×10^5)

由表 3-14 可见，重复词语和未重复词语在音节数量上的差异不显著：$t = 0.26$，$p > 0.05$。重复词语和未重复词语在词频上的差异也不显著：$t = -0.45$，$p > 0.05$。该结果表明，实验材料选取具有一定的有效性，即排除词频变量对目标词语通达速度的影响。

3.3.2.4 实验四的实验材料选取

首先，研究者选取一篇内容和词语难易程度适合大学一年级学生的英语文章。文章中词语的总数为 790 个（详见附录十八）。文章中共有 17 个简单句、2 个并列句和 29 个复合句。为确保短文的难易程度适中，研究者请实验被试以外的 25 名大学一年级学生阅读该文章，并完成 3 个任务（详见附录二十一）。调查结果如表 3-15 所示。

表 3-15 英语短文难易程度调查结果

项　　目	M	SD	t	p
新单词数量	6.08	4.94	6.15	0.00
词语翻译得分	23.80	3.44	34.59	0.00
难易度评价	2.72	0.79	17.18	0.00

由表 3-15 可见,25 名评价者对英语短文的评价存在显著差异。但被试不熟悉的生词数量并不多($M=6.08$, $SD=4.94$)。被试的翻译得分也较高(满分为 30 分, $M=23.80$, $SD=3.44$)。在难易程度上,被试的评价均值为 2.72($SD=0.79$)。具体来说,4% 的被试认为文章非常简单,32% 的被试认为文章简单,56% 的被试认为文章难易程度适中;另外,各有 4% 的被试认为文章较难或非常难。由此可见,大部分被试(88%)认为本文简单或难度适中。

选取的文章体裁为说明文,主要介绍记笔记的有效方法。该文章对于学生的学习具有较高的指导意义。与选取其他类型文章相比,被试对文章内容已有一定的背景知识,且话题在学习中较为常见,因此可以确保被试在短文内容理解上不存在较大的问题。根据以上分析,研究者认为该文章作为实验材料较为合适。

其次,研究者按照从上至下的顺序从文章中选取了 30 个常用的英文词语作为实验材料中的重复词语。该 30 个词语均匀地分布在短文中各处,且它们在文章中出现的频率均为 1 次(详见附录十九)。目标词语的词性涵盖全部实词,具体包括:7 个名词(N.)、7 个动词(V.)、11 个形容词(Adj.)、3 个副词(Adv.)、1 个代词(Pron.)和 1 个数词(Num.)。未选择虚词的原因在于,虚词一般没有实在意义,且数量较少。如果用虚词作为目标词语易引起被试的有意注意,从而使其使用策略加工,污染实验结果。

最后,根据重复词语的首字母和音节数量,研究者在《通用英语词语2000》(West,1953)中选取了另外 30 个词语作为实验材料中的未重复词语。目标词语的特征如表 3-16 所示。

表 3-16　实验四重复词语和未重复词语的基本情况

实验材料	数量(个)	音节 $M(SD)$	频率 $M(SD)$
重复词语	30	2.43(0.86)	47 230.80(57 257.29)
未重复词语	30	2.47(0.94)	31 787.23(32 046.67)

由表 3-16 可见,重复词语和未重复词语在音节数上的差异不显著:

$t=-0.14$，$p>0.05$。重复词语和未重复词语在词频上的差异也不显著：$t=1.29$，$p>0.05$。（详见附录十九）

3.3.2.5　实验材料录制

为确保实验材料录音的质量，研究者首先根据发音的清晰度选取了一名中国籍英语专业女学生（编号 CE）、一名中国籍中文专业女学生（编号 CC）和一名以英语为母语的美国籍教师（编号 AM）朗读实验材料并录音。通过对三位朗读者进行的调查问卷（附录四）分析，三位朗读者的语言背景情况如下：

（1）CE 年龄为 20 周岁，出生于吉林省磐石市。从出生起其父母对其使用普通话。除普通话外，CE 不会说任何汉语方言，但其学习过 2 个月日语。CE 从小学 4 年级开始学习英语，现为英语专业大学三年级学生。其英语发音清晰，音色优美，语速适中。

（2）CC 年龄为 21 周岁，出生于吉林省长春市。从出生起其父母对其使用普通话。除普通话外，CC 不会说任何汉语方言。除英语以外，CC 还学习过 2 个月德语。目前 CC 为中文专业大三学生。此外，其汉语发音清晰，音色优美，语速适中。

（3）AM 年龄为 32 周岁，出生于美国密歇根州。其从出生到 31 岁，一直生活在美国。其父母均出生在美国，且从其出生开始在家里与其使用英语进行交流。该教师于 2013 年来到中国任教，到录音时已在中国生活了 3 个月。其汉语水平为入门级，可以听懂较简单的日常用语，但汉语口语水平较低。AM 的本科专业为人类学，研究生专业为英语教学（TESOL）。到录音时为止，该教师已有 6 年英语教学经验。

三位朗读者的情况如表 3-17 所示。

表 3-17　实验材料朗读者情况

编　号	国　籍	性　别	年龄（周岁）	负责实验
CE	中国	女	20	实验二
CC	中国	女	21	实验一
AM	美国	女	32	实验一至实验四

研究者请三位朗读者对其发音能力进行自我评价。发音能力评价中各项目满分均为 5 分。CE、CC 和 AM 按照 1~5 由低到高的顺序对自己的英语(CE 和 AM)或汉语(CC)发音能力进行了评价。结果如表 3-18 所示。

表 3-18　实验材料朗读者发音能力自我评价

项　目	CE	CC	AM	M	SD
总体发音	4	4	5	4.33	0.58
清晰度	4	4	5	4.33	0.58
力　度	4	3	5	4.00	1.00
语　速	5	5	5	5.00	0.00
音　量	3	3	5	3.67	1.15

表 3-18 可见,三位朗读者对自己的发音总体均具有较高的评价($M=4.33,SD=0.58$)。具体来说,CE 和 CC 对各自的英语和汉语发音能力评价比较接近。CE 和 AM 对各自的英语发音能力评价具有细微差异,但两者之间最大的差异在于发音力度。

1)实验一实验材料的录音

实验一中的汉语词语由 CC 负责朗读录制,英文词语由 AM 负责朗读录制。为确保录音效果,避免朗读者在词语重音、语调和强度上的波动,研究者首先请朗读者将每个词语放在一个句子中朗读两遍,如将目标词语放到"这是_____。"或者"This is_____."中朗读,并在"这是"或"This is"和目标词语(横线)前后各停顿大约 2 s。其次,使用 Sony Digital Voice Editor 3.3,将句子中的"这是"或"This is"和词语后面的按键声切除。最后,朗读者和研究者共同评价录音,为每个词语选取一个录音效果更好的作为最终的实验材料录音。此外,研究者不对录音进行任何其他技术处理。最终录音的采样率为 44 100 Hz。

2)实验二实验材料的录音

全部实验材料(60 个词语)中,30 个词语由 CE 负责朗读,另外 30 个词

语将由 AM 负责朗读。CE 和 AM 先后在一间安静的教室里朗读、录制实
验材料。录音器材为 Sony Voice Recorder（型号：ICD-AX80）。其他录音
和选取方法同实验一。

　　3）实验三实验材料的录音

　　实验材料由 AM 朗读，录音方法和录音选取方法同实验一。

　　4）实验四实验材料的录音

　　实验材料由 AM 朗读录制。目标词语的录音方法和选取方法同实验
一。AM 以正常语速朗读短文两遍。AM 和研究者共同评价短文录音并选
取一个录音效果更好的作为最终短文录音。

　　5）实验词语熟悉度调查

　　在被试完成实验后，研究者对其进行目标词语熟悉度调查。被试被要
求完成《目标词语熟悉度调查问卷》（详见附录十一、附录十四和附录二十
二）。该问卷共分两部分：一部分要求被试将所给英语词语翻译成汉语，另
一部分要求被试对其翻译的正确性进行评价。问卷的目的在于考察被试是
否真正熟悉目标英语词语的汉语意义。

　　通过分析，各项实验中被试对实验材料的熟悉度情况如表 3-19 所示。

表 3-19　各项实验中目标词语熟悉度调查的结果

实验	翻译得分[①] $M(SD)$	t	p	熟悉度得分[②] $M(SD)$	t	p
一	57.17(2.80)	112.12	0.00	4.88(0.12)	214.65	0.00
二	59.40(0.56)	577.63	0.00	4.97(0.02)	960.79	0.00
三	71.00(0.78)	704.06	0.00	4.95(0.04)	970.08	0.00
四	70.61(0.88)	618.25	0.00	4.94(0.04)	1 040.71	0.00

　　① 实验一至实验四目标词语翻译得分的满分分别为：60 分、60 分、72 分和 72 分。
　　② 各项实验目标词语熟悉度自我评价满分均为 5 分。

　　由表 3-19 可见，各项实验中，被试在目标词语翻译中均取得了较好的
成绩。被试对目标词语的熟悉度也较高。各项实验中，被试在目标词语翻
译得分和熟悉度判断得分上存在显著差异。

3.3.3 实验设计与假设

3.3.3.1 研究中的自变量和因变量

本研究中的自变量有：① 词语重复性（重复词语和未重复词语）；② 语言（汉语词语和英语词语）；③ 词语的语音（英语母语者语音和英语学习者语音）；④ 加工水平（无侧重加工、浅加工和深加工）；⑤ 词语呈现方式（孤立呈现和在语篇中呈现）。各项实验中因变量均为对目标词语的反应时（RT）和反应正确率。

3.3.3.2 实验设计与研究假设

1）实验一

实验一采用被试内 2×2 两因素完全随机实验设计。因素一为词语重复性，包括两个水平：重复词语和未重复词语。因素二为语言，包括两个水平：汉语词语和英语词语。因变量为被试对重复词语和未重复词语的反应时。

实验一的研究假设：母语词语的听觉启动效应量比外语词语的听觉启动效应量更大。即母语中的听觉启动认知机制与外语中的听觉启动认知机制存在差异。如果被试对母语词语的反应时显著快于对外语词语的反应时的话，则可证实实验假设。

2）实验二

实验二采用被试内 2×2 两因素完全随机实验设计。因素一为词语语音，包括两个水平：英语母语者语音和英语学习者语音。因素二为词语重复性，包括两个水平：重复词语和未重复词语。因变量为被试对重复词语和未重复词语的反应时。

实验二研究假设：听取英语学习者朗读的词语比听取英语母语者朗读的词语对被试听觉内隐记忆产生了更大的促进作用。即学习者构建的外语词语音位表征受到母语语音的影响。如果在实验中被试对由英语学习者朗读的重复词语的反应时显著快于对由英语母语者朗读的重复词语的反应时，则可验证实验假设。

3）实验三

实验三采用 3×2 两因素混合实验设计。组间变量为加工水平，包括三个水平：无侧重加工、浅加工和深加工。组内变量为词语重复性，包括两个水平：重复词语和未重复词语。因变量为被试对重复词语和未重复词语的反应时。

实验三的研究假设：外语词语听觉内隐记忆受到词语加工水平的影响。具体来说，听觉启动效应量从大到小依次为浅加工组、基线组和深加工组。如果浅加工组被试对重复词语的反应时显著快于基线组被试，而基线组对重复词语的反应时又显著快于深加工组，则可证实实验假设。

4）实验四

实验四采用 2×2 两因素混合实验设计。实验中的组间变量为词语的呈现方式，包括两个水平：孤立呈现和语篇呈现。组内变量为词语重复性，包括两个水平：重复词语和未重复词语。因变量为对重复词语和未重复词语的反应时。

实验四的研究假设：外语词语听觉内隐记忆受到词语听取方式的影响。具体来说，孤立听取外语词语比在语境中听取外语词语对其听觉内隐记忆促进作用更大。如果孤立组被试对重复词语的反应时显著快于语篇组被试对重复词语的反应时，则可证明实验假设。

3.3.4 实验设备与程序

实验程序使用 E-prime 软件编写。E-prime 是美国 Pittsburgh 大学和美国 PST 公司联合开发的一套用于计算机化行为研究的实验生成系统。目前，大量的心理学和心理语言学实验程序使用 E-prime 进行编写。研究人员可以使用 E-prime 呈现文字、图片和视频等实验材料，并通过其专业的反应盒和麦克风收集被试对实验材料的反应时数据。E-prime 反应盒与软件 CD 如图 3-2 所示。

将 E-prime 反应盒、麦克风和耳麦（Sony：DR-ZX102DPV）连接在显示屏为 17 in（英寸，1 in＝2.54 cm）的电脑上［CPU：Intel（R）Core（TM）i3 550；内存：2G］。电脑在 E-prime 软件的帮助下自动记录被试每次对目标词语的反应时。

实验程序在 E-prime 中的具体编写方法如图 3-3 所示。

由图 3-3 可见，页面左侧上方为实验的总流程图，包括指导语 1

图 3 - 2　E-prime 麦克风、反应盒和软件 CD

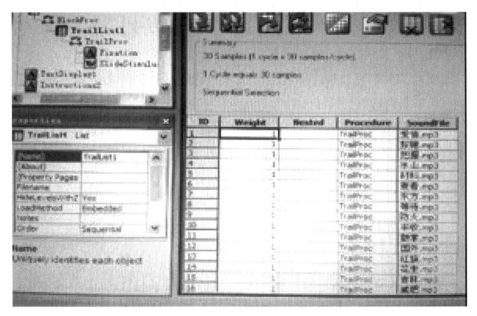

图 3 - 3　实验程序的编写方法

(Instruction1)、实验材料清单 1(TrailList1)、注视点(Fixation)、刺激呈现
页面(SlideStimulus)、文本显示(TextDisplay)和指导语 2(Instruction2)等。
左下方为实验材料清单 1 的特征栏。页面右边是实验材料清单 1 中的具体
词语,其中 Weight(权重)表示只呈现一次目标词语。E-prime 具体实验编
写方法详见 *E-prime Getting Started Guide*(E-prime 入门指南;Schneider
et al.,2007)。

3.3.5　实验过程

本研究中各项实验均包括两大部分。第一部分,被试在计算机上进行实验操作。第二部分,被试在另一间教室内完成各项调查和测试。

1) 第一部分　实验操作

该部分主要分为 3 个阶段,即学习阶段、干扰任务和测试阶段。

(1) 学习阶段。被试按序号逐一进入温度、光线适宜的实验室,坐在离电脑显示器前约 50 cm 的椅子上,戴好耳麦,注视显示器,对准显示器旁连接 E-prime 反应盒的麦克风。首先,启动 E-prime 软件,请被试在阅读实验指导语并完全理解后开始实验。在学习阶段,E-prime 软件以间隔 3 000 ms 的速度为被试随机逐个播放目标词语的录音(实验四语篇组除外,在实验四的学习阶段为被试播放英语短文录音并要求其回答 2 道内容理解题①)。

在实验一、实验二和实验四(孤立组)的学习阶段,被试只听取目标词语,并不需要对其做出任何反应。但在实验三的学习阶段,三组被试听取目标词语时,均需要完成一个附加任务。基线组被试要在听取词语时在《词语听取确认表》(附录十五)上对所听到的词语进行标记。浅加工组被试要在听取词语后,对词语的音节数量做出判断(附录十六《词语音节数量判断表》)。深加工组被试要在听取一个目标词语后对词语意义是褒义、中性还是贬义做出判断(附录十七《词语意义判断表》)。

(2) 干扰任务。学习阶段后,被试要完成 10 道简单的数学计算题以排除近因效应。

(3) 测试阶段。以间隔 4 000 ms 的速度为被试逐个播放全部目标词语的录音(其中有一半是实验学习阶段中听过的词语,即重复词语),同时要求被试在听到每个词语后,立即对准麦克风又快又好地跟读。E-prime 反应盒自动记录每次跟读的反应时。

本研究中各项实验的总体实验流程基本相同,具体如图 3-4 所示。

由图 3-4 可见,实验程序共分三大部分(2,4,6)。每部分之间加入指导语,告知被试实验要求和操作方法。具体的实验流程如图 3-5 所示。

---

① 要求被试在听完短文录音后回答 2 道内容理解题的目的在于使被试将注意力集中在短文内容的理解上,而不是在个别单词的形式上。

总体实验程序流程图

图 3-4 实验的总体流程

1. 指导语1

亲爱的各位同学：

大家好！
欢迎参加实验。本实验共分三个部分。

第一部分 听单词

你将看到电脑屏幕中间出现一个"+"，提醒你实验开始。请集中注意力！接下来，你将依次听到一些英语单词。请注意听即可，不需要做出任何反应。

如果现在有疑问，请举手示意。实验开始后不可以问问题。

如果准备好了，请按空格键开始！

2. 学习阶段

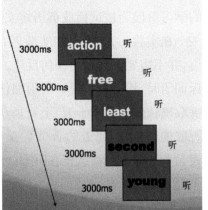

3. 指导语2

第二部分 数学计算

请在两分钟内完成10道简单的数学计算题，并将答案写在答题纸上。

如果你提前完成了计算，请按空格键进入下一部分。

如果2分钟时间到你没有算完的话，程序也将自动进入下一部分。

如果准备好了，请按空格键开始。

4. 分心任务

一、请写出下列算式的答案！

1. 28×2=   2. 40÷5=
3. 102−65=   4. 149-64=
5. 46×8=   6. 112÷3=
7. 86+77=   8. 67-24=
9. 56-35=   10. 178-85=

5. 指导语3

第三部分　听单词，跟读

　　你将看到电脑屏幕中间出现一个"+"，提醒你实验开始。请集中注意力！接下来，你将依次听到一些英语单词。请在听到每个单词后，对准麦克风立即大声跟读。

如果准备好了，请按空格键开始。

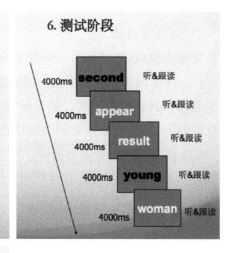

6. 测试阶段

7. 结束语

实验到此结束。

再次感谢你的参与和配合！

祝：学习进步，健康快乐！

图 3-5　实验的具体流程

注：本图描述的实验过程：

1. 启动实验程序后，计算机屏幕上显示《指导语1》。

2. 被试按空格键后，实验正式开始。先为被试播放第一个目标词语的录音（如"action"），被试听取该词语且不需做出任何反应。第一个词语播放完毕的 3 000 毫秒之后，第二个词语开始播放，以此类推，直到第 30 个词语播放完毕为止。词语的播放顺序为随机播放，且每个词语只播放一遍。

3. 学习阶段结束后，屏幕上出现《指导语2》，告知被试下一步要在 2 分钟内完成 10 道数学计算题。

4. 干扰任务计时开始，被试进行数学计算。不管被试是否完成计算，2 分钟后实验程序自动跳到下一页。

5. 屏幕上出现《指导语3》。被试在阅读完毕后，按空格键进入下一部分。

6. 测试阶段开始。先为被试播放一个目标词语的录音（如"second"），被试听到该单词之后，立即跟读。第一个词语播放完毕的 4 000 毫秒之后，第二个词语开始播放。以此类推，直到第 30 个词语播放完毕为止。因该任务要求被试跟读，因此词语播放间隔比学习阶段的词语录音播放间隔多出 1 000 毫秒。词语的播放顺序为随机播放，且每个词语只播放一遍。

7. 最后，程序自动进入结束语页面。实验到此结束。

2）调查与测试

完成实验后，被试到另一间教室内完成以下调查与测试：

（1）目标词语熟悉度调查。词语熟悉度测试的目的在于考察被试是否对实验材料具有高熟悉度。如果被试对实验材料不熟悉，则可能影响其跟读反应时。因此，有必要对词语的熟悉度进行控制。

（2）被试英语发音能力测试。发音能力测试的目的在于考察被试的发音能力是否与其跟读反应时具有相关性。

3.3.6 数据统计与分析方法

1）数据和录音的查看

因本研究中的因变量为对目标词语的反应时和反应正确率，所以研究者需要打开 E-prime 软件的 E-data aid 查看每位被试的反应时情况，具体包括反应时是否缺失和反应时数据是否异常。本研究中异常反应时数据是指 $\leqslant 400$ ms 和 $\geqslant 2\,000$ ms 以上的 RT 数据。过快的反应时可能表明被试对其跟读的词语进行了预测或被试在词语录音没有播放完毕时即已开始跟读。这两种情况都将使反应时无效，因为第一种情况可能表明被试采用了策略加工，即被试在学习阶段对实验材料有意识地进行了识记，并在测试时有意识地进行提取。第二种情况说明被试未遵守实验要求，抢读目标词语，从而导致反应时无法准确地反映被试对目标词语的加工时间。研究者将记录各位被试的异常反应时情况，并以分析和讨论。之后，研究者分别听取每位被试的跟读录音以确定其跟读的正确性，并统计被试词语跟读的正确率以做分析和讨论。

2）异常数据的排除

如上所述，异常数据无法准确地反映被试的词语加工过程及其内隐记忆的强度。因此，研究者在最终实验数据的分析时将排除异常数据。

3）数据的分析方法

实验数据使用 SPSS 20.0 进行分析。主要的统计方法有重复测量方差分析、t 检验和皮尔逊相关分析。结果主要按被试进行分析，其分析结果用"F""t"和"r"来表示。具体的统计方法如下：

（1）数据排列。将反应时数据从 E-prime 的 E-data Aid 中导出到

SPSS 20.0 中，在 SPSS 中的数据窗口中建立变量列表。以实验二为例，具体数据排列如图 3-6 所示。

	受试编号	外语学习者语音重复词汇	外语学习者语音未重复词汇	英语母语者语音重复词汇	英语母语者语音未重复词汇
1	1.00	.	.	.	.
2	2.00	.	.	.	.
3	3.00	.	.	.	.
4	4.00	.	.	.	.
5	5.00	.	.	.	.
6	6.00	.	.	.	.
7	7.00	.	.	.	.
8	8.00	.	.	.	.
9	9.00	.	.	.	.
10	10.00	.	.	.	.
11	11.00	.	.	.	.
12	12.00	.	.	.	.
13	13.00	.	.	.	.
14					

图 3-6　实验数据在 SPPS 中的排列方法

（2）数据的统计方法。研究者首先对各项实验数据进行描述性统计，然后对实验数据进行推断性统计。如重复测量方差分析、独立样本 t 检验、配对样本 t 检验和皮尔逊相关分析以考察各项实验中自变量对因变量的影响，词语启动效应量与其汉语和英语的各方面能力（听力、朗读和发音等）以及目标词语熟悉度测试得分之间的相关性。

3.4　本章小结

本章详述了研究问题和研究框架并具体阐明实验设计，包括被试的选取方法和分组情况、实验材料的选取和录制方法、实验设计、实验设备与程序、实验过程和数据统计与分析方法。

在被试选取上，通过个人信息调查问卷并按照语言学习经历和水平、健康情况和听力发音能力选取了 90 名被试，并随机将被试分组参加四项实验。

在实验材料的选取上,各项实验中目标词语在词频和词语音节数上均不存在显著差异。并且按照发音能力和专业选取了三名实验材料朗读者科学、规范地对实验材料进行了录制。

在实验设计上,根据自变量的不同,将实验一和实验二设计为 2×2 两因素完全随机实验;将实验三和实验四设计为两因素混合实验。实验设备包括 E-prime 反应盒、电脑、麦克风、耳机和录音笔收集被试对目标词语的反应时。

实验过程主要包括学习阶段、干扰任务和测试阶段。

在数据统计与分析上,研究采用 SPSS 对各项实验数据进行重复测量方差分析、t 检验和皮尔逊相关分析。

第4章
结果与分析

本章将按照实验顺序依次对各项实验的实验设计和研究假设进行简要描述,之后对各项实验的数据进行统计和分析。主要统计的项目有异常跟读词语数量和异常 RT 数据。主要的统计方法有描述性统计、重复测量方差分析、独立样本 t 检验、配对样本 t 检验和皮尔逊相关分析。

4.1　实验一结果分析与讨论

实验一考察以汉语为母语的大学生被试在听取母语和外语词语时,是否使用相同的听觉启动认知机制构建、提取母语和外语词语音位表征。

实验一采用被试内 2×2 两因素完全随机实验设计。因素一为词语重复性,包括两个水平:重复词语和未重复词语。因素二为语言,包括两个水平:汉语词语和英语词语。因变量为被试对重复词语和未重复词语的反应时。

研究假设:母语词语的听觉启动效应量比外语词语的听觉启动效应量更大。即母语中的听觉启动认知机制与外语中的听觉启动认知机制存在差异。如果被试对母语词语的反应时显著快于对外语词语的反应时,则可证实研究假设。

4.1.1　异常数据的统计与排除

在对反应时数据进行推断性统计之前,研究者打开 E-prime 软件的 E-Data Aid 查看每位被试对每个目标词语的反应时情况,并统计其无效跟读(未跟读词语)的数量和异常 RT。本研究中异常 RT 数据是指 $\leqslant 400$ ms

和≥2 000 ms 以上的反应时。在实验一中,无效 RT 的总数量为 73 个,占全体 RT 的 0.02%。无效跟读 RT 主要出现在英语"combination"和"admission"上,这可能与这两个单词的音节数较多,听取和朗读难度较大有关。此外未发现异常 RT 数据。这表明,被试在跟读方面不存在困难,且认真遵守了实验要求,即被试未抢先朗读词语,也未延时朗读。从异常数据分析结果可见,被试的跟读 RT 正常,数据有效且呈正态分布,可以进行下一步分析。

4.1.2 数据统计:方差分析与相关分析

首先,使用 SPSS 20.0 对 30 名被试对汉语重复词语、汉语未重复词语、英语重复词语和英语未重复词语的 RT 进行描述性统计,结果如图 4-1 所示。

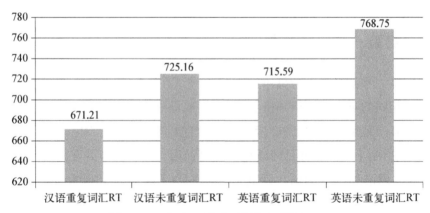

图 4-1 实验一被试对目标词语的 RT

由图 4-1 可知:

(1) 被试对汉语重复词语的 RT ($M = 671.21$,$SD = 51.81$)快于对汉语未重复词语的 RT ($M = 725.16$,$SD = 45.84$)。

(2) 被试对英语重复词语的 RT ($M = 715.59$,$SD = 47.95$)快于对英语未重复词语的 RT ($M = 768.75$,$SD = 41.82$)。

接下来,被试内方差分析发现:

(1) 语言的主效应显著:$F(1,29) = 195.66$,$p = 0.00$。被试对汉语词语的 RT ($M = 698.19$)显著快于对英语词语的 RT ($M = 742.17$)。

（2）词语重复性的主效应显著：$F(1,29)=301.67$，$p=0.00$。被试对于重复词语的 RT（$M=693.40$）显著快于对未重复词语的 RT（$M=746.95$）。

（3）语言和词语重复性的交互作用不显著：$F(1,29)=0.014$，$p=0.91$。

这说明无论是母语还是外语，重复词语的 RT 均显著快于未重复词语的 RT；无论是重复词语还是未重复词语，母语词语的 RT 均显著快于外语词语的 RT。

方差分析结果证实了实验假设，结果表明母语词语的听觉启动效应量比外语词语的听觉启动效应量更大，即母语中的听觉启动认知机制与外语中的听觉启动认知机制之间存在差异。

最后，研究者利用公式 $\overline{X_U}-\overline{X_R}=\text{MP}$[①] 对实验一被试的汉语词语和英语词语的启动效应量进行了计算，结果如下：

（1）汉语未重复词语 RT（$M=725.16$）—汉语重复词语 RT（$M=671.21$）=汉语词语启动效应量（$M=53.95$）。

（2）英语未重复词语 RT（$M=768.75$）—英语重复词语 RT（$M=715.59$）=英语词语启动效应量（$M=53.16$）。

对汉语词语启动效应量（$M=53.595$，$SD=26.72$）和英语词语启动效应量（$M=53.16$，$SD=22.96$）进行配对样本 t 检验发现，被试的汉语词语启动效应量略高于英语词语的启动效应量，但差异不显著：$t(29)=0.12$，$p=0.91$。这说明，对词语进行重复对两种语言中词语的加工具有相似的促进作用。

那么，被试对两种语言中词语的 RT 与其母语水平、外语水平和语言学习经历是否具有相关性呢？

对此，研究者首先对被试的汉语词语启动效应量和其高考语文分数、汉语总体水平、汉语听力水平、汉语发音水平、汉语朗读能力、英语学习年限、高考英语分数、英语总体水平、英语听力水平、英语发音水平、英语朗读能

① "X_u"代表未重复词语的平均反应时，"X_R"代表重复词语的平均反应时。MP（magnitude of priming）代表启动效应量（Trofimovich，2003）。

力、课下英语使用情况和英语口语测试得分进行了相关分析(详见附录二十四)。

结果显示:

(1) 被试的汉语词语启动量与其高考语文成绩($r=-0.26$,$p=0.17$)、汉语总体水平($r=-0.15$,$p=0.42$)、汉语听力水平($r=-0.08$,$p=0.66$)、汉语发音水平($r=-0.08$,$p=0.68$)、汉语朗读能力($r=-0.04$,$p=0.82$)、英语学习年限($r=-0.02$,$p=0.91$)、高考英语分数($r=-0.23$,$p=0.17$)、英语总体水平($r=0.00$,$p=0.10$)、英语听力水平($r=0.09$,$p=0.63$)、英语发音水平($r=0.14$,$p=0.46$)、英语朗读能力($r=0.14$,$p=0.46$)、课下英语使用情况($r=0.24$,$p=0.21$)、英语口语测试得分($r=0.16$,$p=0.39$)之间不存在显著的相关关系。

(2) 被试的汉语总体水平与其汉语听力($r=0.80$,$p=0.00$)、汉语发音($r=0.75$,$p=0.00$)和汉语朗读能力($r=0.80$,$p=0.00$)显著相关。

(3) 被试的汉语听力水平与汉语发音($r=0.77$,$p=0.00$)和汉语朗读能力($r=0.82$,$p=0.00$)显著相关。

(4) 被试的汉语发音能力和其汉语朗读能力之间显著相关:$r=0.88$,$p=0.00$。

这表明本研究中被试的母语水平自我评价测试具有一定的有效性。

其次,对被试的英语词语启动效应量与其高考语文分数、汉语总体水平、汉语听力水平、汉语发音水平、汉语朗读能力、英语学习年限、高考英语分数、英语总体水平、英语听力水平、英语发音水平、英语朗读能力、课下英语使用情况、英语口语测试得分、目标词语翻译得分和目标词语熟悉度进行了相关分析(详见附录二十五)。结果显示:

(1) 被试的英语词语启动效应量与其英语学习年限($r=0.41$,$p=0.02$)、汉语总体水平($r=0.39$,$p=0.03$)、汉语听力水平($r=0.42$,$p=0.02$)、汉语发音水平($r=0.43$,$p=0.02$)、汉语朗读能力($r=0.40$,$p=0.03$)、英语朗读能力($r=0.36$,$p=0.05$)之间具有显著的正相关关系。以上结果说明,被试学习英语的时间越长,重复词语对其英语词语的加工和提取速度的提高越大。

(2) 被试的英语词语启动效应量与其高考英语成绩($r=0.11$,$p=$

0.58)、英语总体水平($r=0.22$，$p=0.24$)、英语听力水平($r=0.10$，$p=0.61$)、英语发音水平($r=0.29$，$p=0.13$)、课下英语使用情况($r=0.27$，$p=0.15$)、英语口语测试成绩($r=0.25$，$p=0.18$)、目标词语翻译得分($r=0.06$，$p=0.75$)和目标词语熟悉度($r=0.07$，$p=0.71$)之间不具有显著的相关关系。

（3）被试的高考英语成绩与其自我评价的英语总体水平显著相关：$r=0.34$，$p=0.00$。

（4）被试的英语总体水平与其英语听力水平($r=0.61$，$p=0.00$)、英语发音水平($r=0.68$，$p=0.00$)、英语朗读能力($r=0.63$，$p=0.00$)和英语口语测试成绩($r=0.53$，$p=0.00$)之间具有显著的相关关系。

（5）被试的英语听力水平与其英语发音水平($r=0.79$，$p=0.00$)、英语朗读能力($r=0.55$，$p=0.00$)和英语口语测试成绩($r=0.68$，$p=0.00$)显著相关。

（6）被试的英语发音水平与其英语朗读能力($r=0.77$，$p=0.00$)和口语测试成绩($r=0.87$，$p=0.00$)显著相关。

（7）被试的英语朗读能力与其课下英语使用情况($r=0.42$，$p=0.00$)和英语口语测试成绩($r=0.74$，$p=0.00$)显著相关。

通过以上相关关系可知，被试的英语总体能力与其英语听力水平、发音水平和朗读能力具有显著的相关性。该结果符合人们对英语能力的一般认知，即对一个人英语总体能力进行评价可以从其听力、发音和朗读着手。相关分析结果表明，被试对其英语各方面水平的自我评价具有较高的可信度和有效性。

此外还有：

（1）目标词语翻译得分与高考英语分数($r=0.86$，$p=0.00$)、英语总体水平($r=0.38$，$p=0.04$)和目标词语熟悉度($r=0.77$，$p=0.00$)之间具有显著相关。

（2）目标词语熟悉度判读与高考英语分数($r=0.42$，$p=0.02$)、英语总体水平($r=0.51$，$p=0.00$)、英语听力水平($r=0.38$，$p=0.04$)和英语发音水平($r=0.42$，$p=0.02$)显著相关。

最后，对被试母语词语和外语词语的启动效应量进行相关分析结果显示,实验一中母语词语和外语词语的启动效应量之间无显著的相关关系:$r = -0.08$, $p = 0.67$。

4.2 实验二结果与分析

实验二"语音特定性对外语词语听觉内隐记忆的影响"通过考察学习者建立的外语词语音位表征是否受到母语语音的影响以揭示听觉启动认知机制构建和提取的是具体还是抽象的词语音位表征。

实验二采用被试内 2×2 两因素完全随机实验设计。因素一为词语语音,包括两个水平:英语母语者语音和外语学习者语音。因素二为词语重复性,包括两个水平:重复词语和未重复词语。因变量为被试对重复词语和未重复词语的反应时。

实验二的研究假设:听取外语学习者朗读的词语比听取英语母语者朗读的词语对被试听觉内隐记忆的促进作用更大。即学习者构建的外语词语音位表征易受到母语语音的影响,或学习者利用听觉启动构建和提取词语具体的音位表征。如果实验中被试对由外语学习者朗读的重复词语的反应时显著快于由外语母语者朗读的重复词语的反应时,则可验证实验假设。

4.2.1 异常数据的统计与排除

在对词语反应时数据进行推断性统计之前,研究者打开 E-prime 软件的 E-Data Aid 查看每位被试对每个目标词语的反应时情况,并统计其无效跟读词语数量和异常 RT。经统计,未发现无效跟读词语数量和异常 RT。这表明,被试在跟读方面不存在困难,且认真遵守了实验要求,即不抢先朗读词语,也不延时朗读。分析结果表明,被试的跟读 RT 正常,数据有效且呈正态分布,可以进行下一步分析。

4.2.2 数据统计:方差分析与相关分析

使用 SPSS 20.0 对 30 名被试对英语学习者语音重复词语、英语学习者语音未重复词语、英语母语者语音重复词语和英语母语者语音未重复词语的 RT 进行描述性统计,结果如图 4-2 所示。

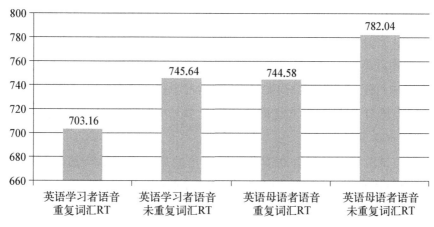

图 4 - 2　实验二被试对目标词语的 RT

从图 4 - 2 可知：

（1）英语学习者朗读的重复词语的 RT（$M=703.16$，$SD=33.62$）快于英语学习者朗读的未重复词语的 RT（$M=745.64$，$SD=33.16$）。

（2）英语母语者朗读的重复词语的 RT（$M=744.58$，$SD=33.76$）快于英语母语者朗读的未重复词语 RT（$M=782.04$，$SD=24.90$）。

对目标词语 RT 进行被试内重复测量方差分析发现：

（1）词语语音的主效应显著：$F(1,29)=360.35$，$p=0.00$。被试对由英语学习者朗读的词语的 RT（$M=724.40$）显著快于对由英语母语者朗读的词语的 RT（$M=763.31$）。

（2）词语重复性的主效应显著：$F(1,29)=331.18$，$p=0.00$。这说明被试对于重复词语的 RT（$M=723.87$）显著快于未重复词语的 RT（$M=763.84$）。

（3）词语语音和词语重复性的交互作用不显著：$F(1,29)=2.11$，$p=0.16$。

这说明无论是英语学习者还是英语母语者朗读的词语，重复词语的 RT 均显著快于未重复词语的 RT；无论是重复词语还是未重复词语，英语学习者朗读的词语的 RT 均显著快于英语母语者朗读的词语的 RT。

方差分析结果证实了实验假设，表明听取外语学习者朗读的词语比听取英语母语者朗读的词语对被试的听觉内隐记忆的促进作用更大，即学习者构建了具体的外语词语音位表征,该表征受到了母语语音的影响。

对以英语学习者语音重复的词语的启动效应量($M = 42.48$,$SD = 11.73$)和以英语母语者语音重复的词语的启动效应量($M = 37.46$,$SD = 18.20$)进行配对样本 t 检验发现,英语学习者语音重复词语的启动效应量略高于英语母语者语音重复词语的启动效应量,但差异不显著:$t(29) = 1.45$,$p = 0.16$。

对被试对英语学习者朗读的重复词语的启动效应量与其高考语文成绩、汉语总体水平、汉语听力水平、汉语发音水平、汉语朗读能力、英语学习年限、高考英语成绩、英语总体水平、英语听力水平,英语发音水平、英语朗读能力、课下英语使用情况和英语口语测试成绩、目标词语翻译得分和目标词语熟悉进行相关分析(结果详见附录二十六)。结果显示:

(1) 被试的英语学习者语音重复词语启动效应量与其英语学习年限($r = 0.37$,$p = 0.00$)、汉语总体水平($r = 0.53$,$p = 0.00$)、汉语发音水平($r = 0.50$,$p = 0.00$)和汉语朗读能力($r = 0.52$,$p = 0.00$)显著相关。

(2) 英语学习者语音重复词语启动效应量与高考语文分数($r = 0.19$,$p = 0.32$)、汉语听力水平($r = 0.27$,$p = 0.14$)、高考英语分数($r = 0.18$,$p = 0.33$)、英语总体水平($r = 0.13$,$p = 0.50$)、英语听力水平($r = -0.15$,$p = 0.42$)、英语发音水平($r = -0.16$,$p = 0.40$)、英语朗读能力($r = -0.10$,$p = 0.62$)、课下英语使用情况($r = -0.12$,$p = 0.53$)、英语口语测试成绩($r = 0.03$,$p = 0.87$)、目标词语翻译得分($r = 0.05$,$p = 0.81$)和目标词语熟悉度($r = -0.03$,$p = 0.88$)之间未发现显著相关。

同样,对被试对英语母语者朗读的重复词语的启动效应量与其高考语文成绩、汉语总体水平、汉语听力水平、汉语发音水平、汉语朗读能力、英语学习年限、高考英语成绩、英语总体水平、英语听力水平、英语发音水平、英语朗读能力、课下英语使用情况和英语口语测试成绩、目标词语翻译得分和目标词语熟悉度进行相关分析(详见附录二十七)。结果发现:

(1) 被试的英语母语语音重复词语启动效应量与其高考英语分数($r = 0.43$,$p = 0.00$),英语总体水平($r = 0.41$,$p = 0.00$)和汉语朗读能力($r = 0.42$,$p = 0.00$)、目标词语翻译得分($r = 0.48$,$p = 0.01$)和目标词语熟悉度($r = 0.48$,$p = 0.01$)之间存在显著相关。

（2）英语母语者重复词语启动效应量与被试的高考语文分数（$r=0.10$，$p=0.58$）、汉语总体水平（$r=0.16$，$p=0.41$）、汉语听力水平（$r=0.12$，$p=0.52$）、汉语发音水平（$r=0.23$，$p=0.23$）、英语学习年限（$r=-0.13$，$p=0.50$）、英语听力水平（$r=0.20$，$p=0.30$）、英语发音水平（$r=0.12$，$p=0.54$）、英语朗读能力（$r=0.14$，$p=0.46$）、课下英语使用情况（$r=-0.01$，$p=0.95$）和英语口语测试成绩（$r=0.06$，$p=0.76$）之间无显著相关。

（3）被试的英语学习年限和其高考语文分数之间具有显著相关：$r=0.43$，$p=0.02$。

（4）被试的高考语文分数与其高考英语分数之间具有显著相关：$r=0.41$，$p=0.03$。

（5）被试的高考英语分数与其英语总体水平显著相关：$r=0.37$，$p=0.05$。

（6）被试的汉语总体水平与其汉语听力水平（$r=0.80$，$p=0.00$）和汉语发音水平（$r=0.75$，$p=0.00$）汉语朗读能力（$r=0.80$，$p=0.00$）显著相关。

（7）被试的英语总体水平与其汉语朗读能力（$r=0.38$，$p=0.04$）、英语听力水平（$r=0.61$，$p=0.00$）、英语发音水平（$r=0.68$，$p=0.00$）、英语朗读能力（$r=0.63$，$p=0.00$）和英语口语测试得分（$r=0.53$，$p=0.00$）之间显著相关。

（8）被试的汉语听力水平与其汉语发音（$r=0.77$，$p=0.00$）和汉语朗读能力（$r=0.82$，$p=0.00$）具有显著相关。

（9）被试的汉语发音水平与其汉语朗读能力具有显著的相关关系：$r=0.88$，$p=0.00$。被试的汉语朗读能力与其英语口语测试成绩具有显著相关：$r=0.42$，$p=0.02$。

（10）被试的英语听力水平与其英语发音水平（$r=0.79$，$p=0.00$）、英语朗读能力（$r=0.55$，$p=0.00$）和英语口语测试成绩（$r=0.68$，$p=0.00$）之间显著相关。

（11）被试的英语发音水平与其英语朗读能力（$r=0.77$，$p=0.00$）和英语口语测试成绩（$r=0.87$，$p=0.00$）之间的显著相关。

（12）被试的英语朗读能力与其课下英语使用情况（$r=0.42$，$p=0.02$）和英语口语测试成绩之间（$r=0.74$，$p=0.00$）显著相关。

（13）被试的目标词语翻译得分与目标词语熟悉度之间具有显著相关：$r=0.74$，$p=0.00$。

4.3 实验三结果与分析

实验三考察不同的加工水平对词语听觉内隐记忆的影响。

实验采用 3×2 两因素混合实验设计。组间变量为加工水平，包括三个水平：无侧重加工、浅加工和深加工。组内变量为词语重复性，包括两个水平：重复词语和未重复词语。因变量为被试对重复词语和未重复词语的 RT。

实验三的研究假设：外语词语听觉内隐记忆将受到词语加工水平的影响。具体来说，听觉启动效应量从大到小依次应为浅加工组、基线组和深加工组。如果浅加工组被试对重复词语的 RT 显著快于基线组被试，而基线组被试对重复词语的反应时又显著快于深加工组被试，则可证明实验假设。

4.3.1 异常数据的统计与排除

在对词语反应时进行推断性统计之前，研究者打开 E-prime 软件的 E-Data Aid 查看每位被试对每个目标词语的反应时情况。并统计其无效跟读词语数量和异常 RT。经统计，未发现无效跟读词语和异常 RT。这表明，被试对实验材料具有高度的熟悉度，在跟读方面不存在困难。而且，被试认真遵守了实验要求，不抢先朗读词语，也不延时朗读。统计结果显示，被试的跟读 RT 正常，数据呈正态分布，可进行进一步分析。

4.3.2 数据统计：方差分析与相关分析

使用 SPSS 20.0 对三组被试对重复词语和未重复词语的 RT 进行描述性统计，结果如图 4-3 所示。

从图 4-3 可知：

（1）基线组中，重复词语的 RT（$M=729.29$，$SD=35.72$）快于未重复

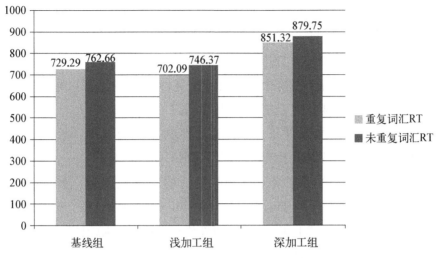

图 4 - 3　实验三被试对目标词语的 RT

词语的 RT（$M = 762.66$，$SD = 31.97$）。

（2）浅加工组中，重复词语的 RT（$M = 702.09$，$SD = 20.40$）快于未重复词语的 RT（$M = 746.37$，$SD = 23.78$）。

（3）深加工组中，重复词语的 RT（$M = 851.32$，$SD = 47.28$）快于未重复词语的 RT（$M = 879.75$，$SD = 44.22$）。

对三组被试的 RT 数据进行重复测量方差分析发现：

（1）加工水平的主效应显著：$F(2,57) = 96.45$，$p = 0.00$。浅加工组被试对目标词语的 RT（$M = 724.23$）显著快于基线组被试对目标词语的 RT（$M = 745.97$）。而基线组被试对目标词语的 RT 又显著快于深加工组被试对目标词语的 RT（$M = 865.53$）。

（2）词语重复性的主效应显著：$F(1,57) = 418.545$，$p = 0.00$。重复词语的 RT（$M = 760.90$）显著快于未重复词语的 RT（$M = 796.26$）。

（3）词语重复性与加工水平的交互作用显著：$F(2,57) = 7.34$，$p = 0.00$。

（4）经简单效应检验可知，在重复词语的情况下，加工水平的主效应显著：浅加工组被试对目标词语的 RT（$M = 702.09$）显著快于基线组被试对目标词语的 RT（$M = 729.29$）和深加工组被试对目标词语的 RT（$M = 851.32$）。

（5）在未重复词语的条件下，加工水平的主效应显著：浅加工组被试对目标词语的 RT（$M = 746.37$）显著快于基线组被试对目标词语的 RT（$M = 762.66$）和深加工组被试对目标词语的 RT（$M = 879.75$）。

（6）在无侧重加工的条件下，词语重复性主效应显著：重复词语的 RT（$M = 729.29$）显著快于未重复词语的 RT（$M = 762.66$）。

（7）在浅加工的条件下，词语重复性的主效应显著：重复词语的 RT（$M = 702.09$）显著快于未重复词语的 RT（$M = 746.37$）。

（8）在深加工的条件下，词语重复性的主效应显著：重复词语的 RT（$M = 851.32$）显著快于未重复词语的 RT（$M = 879.75$）。

方差分析结果证实了实验假设，即外语词语听觉内隐记忆受到词语加工水平的影响。具体来说，对词语进行浅加工（知觉加工）比对词语进行深加工（意义加工）所产生的启动效应更大。对词语进行无侧重加工时，启动效应强度比对词语进行深加工时更强。

研究者计算并对基线组重复词语的启动效应量（$M = 33.37$，$SD = 10.00$）、浅加工组重复词语的启动效应量（$M = 44.28$，$SD = 16.05$）和深加工组重复词语的启动效应量（$M = 28.43$，$SD = 13.42$）进行单因素方差分析，结果显示，各组在启动量上的差异显著：$F(2,57) = 7.34$，$p = 0.00$。

那么，各组被试的英语词语启动效应量与其母语和外语各方面能力和水平之间是否具有相关性呢？为解答该问题，研究者对各组被试的词语启动效应量与其高考语文成绩、汉语总体水平、汉语听力水平、汉语发音水平、汉语朗读能力、英语学习年限、高考英语成绩、英语总体水平、英语听力水平、英语发音水平、英语朗读能力、课下英语使用情况、英语口语测试成绩、目标词语翻译得分和目标词语熟悉度进行相关分析（结果详见附录二十八、二十九和三十）。

结果显示，在基线组中：

（1）被试的英语词语启动效应量与其高考语文成绩（$r = 0.25$，$p = 0.28$）、汉语总体水平（$r = 0.30$，$p = 0.21$）、汉语听力水平（$r = -0.06$，$p = 0.79$）、汉语发音水平（$r = 0.01$，$p = 0.95$）、汉语朗读能力（$r = -0.42$，$p = 0.06$）、英语学习年限（$r = -0.06$，$p = 0.82$）、高考英语分数（$r = 0.26$，$p = 0.27$）、英语总体水平（$r = 0.07$，$p = 0.77$）、英语听力水平（$r = -0.08$，$p = $

0.74)、英语发音水平($r=-0.21$，$p=0.38$)、英语朗读能力($r=-0.23$，$p=0.34$)、课下英语使用情况($r=-0.31$，$p=0.19$)和英语口语测试成绩($r=-0.06$，$p=0.79$)、目标词语翻译得分($r=0.21$，$p=0.38$)和目标词语熟悉度($r=0.26$，$p=0.27$)之间无显著相关。

（2）被试的汉语总体水平与其汉语听力水平($r=0.57$，$p=0.01$)和汉语朗读能力($r=0.51$，$p=0.02$)显著相关。

（3）被试的汉语听力水平与其汉语发音水平($r=0.76$，$p=0.00$)、汉语朗读能力($r=0.73$，$p=0.00$)和英语朗读能力($r=0.53$，$p=0.02$)之间具有显著相关。

（4）被试的汉语发音水平与汉语朗读能力之间具有显著的相关关系：$r=0.70$，$p=0.00$。

（5）被试的汉语朗读能力与其英语朗读能力之间具有显著相关：$r=0.46$，$p=0.04$。以上结果表明,被试的汉语听力、发音和朗读能力之间具有显著相关。

（6）被试的英语总体水平与其英语发音水平($r=0.80$，$p=0.00$)、英语朗读能力($r=0.72$，$p=0.00$)、课下英语使用情况($r=0.50$，$p=0.03$)和英语口语测试得分($r=0.62$，$p=0.00$)之间具有显著相关。

（7）被试的英语听力水平与其英语总体水平($r=0.75$，$p=0.00$)、英语发音水平($r=0.84$，$p=0.00$)、英语朗读能力($r=0.71$，$p=0.00$)、课下英语使用情况($r=0.51$，$p=0.02$)和英语口语测试得分($r=0.58$，$p=0.01$)之间具有显著相关。

（8）被试的英语发音水平与其英语朗读能力($r=0.92$，$p=0.00$)、课下英语使用情况($r=0.60$，$p=0.01$)和英语口语测试得分($r=0.75$，$p=0.00$)之间具有显著相关。

（9）被试的英语朗读能力与其课下英语使用情况($r=0.46$，$p=0.04$)和英语口语测试得分($r=0.86$，$p=0.00$)之间具有显著相关。

（10）被试的高考英语成绩与目标词语的翻译得分($r=0.64$，$p=0.00$)和目标词语熟悉度($r=0.64$，$p=0.00$)之间具有显著相关。

（11）目标词语翻译得分和目标词语熟悉度之间也具有显著相关：$r=0.60$，$p=0.01$。

在浅加工组中：

(1) 被试的英语词语启动效应量与其汉语朗读能力($r=-0.60$, $p=0.01$)和英语朗读能力($r=-0.45$, $p=0.05$)均具有显著负相关。

(2) 被试的英语学习年限与其英语听力水平显著相关：$r=0.47$, $p=0.04$。这说明，随着英语学习时间的增长，被试可以不断地从听觉输入中受益，提高其词语的加工速度和理解能力。

(3) 被试的汉语总体水平与其汉语听力水平($r=0.65$, $p=0.00$)、汉语发音水平($r=0.77$, $p=0.00$)、汉语朗读能力($r=0.51$, $p=0.02$)、英语听力水平($r=0.53$, $p=0.02$)、英语发音水平($r=0.49$, $p=0.03$)和英语朗读能力($r=0.49$, $p=0.03$)之间具有显著相关。

(4) 被试的汉语听力水平与其汉语发音水平($r=0.89$, $p=0.00$)、汉语朗读能力($r=0.63$, $p=0.00$)、英语总体水平($r=0.46$, $p=0.04$)、英语发音水平($r=0.67$, $p=0.00$)、英语朗读能力($r=0.67$, $p=0.00$)和英语口语测试成绩($r=0.45$, $p=0.05$)之间具有显著相关。

(5) 被试的汉语发音水平与其汉语朗读能力($r=0.63$, $p=0.00$)、英语听力水平($r=0.46$, $p=0.04$)、英语发音水平($r=0.54$, $p=0.02$)和英语朗读能力($r=0.54$, $p=0.02$)之间具有显著相关。

(6) 被试的汉语朗读能力与其英语总体水平($r=0.47$, $p=0.04$)、英语发音水平($r=0.46$, $p=0.04$)和英语朗读能力($r=0.46$, $p=0.04$)之间具有显著相关。

(7) 被试的英语发音水平与其英语朗读能力($r=0.83$, $p=0.00$)和英语口语测试成绩($r=0.68$, $p=0.00$)之间具有显著相关。

(8) 被试的英语朗读能力与其英语口语测试成绩之间具有显著相关：$r=0.78$, $p=0.00$。

(9) 被试的高考英语成绩与目标词语的翻译得分($r=0.82$, $p=0.00$)和目标词语熟悉度($r=0.55$, $p=0.01$)之间具有显著相关。

(10) 目标词语翻译得分和目标词语熟悉度之间也具有显著的相关关系。$r=0.76$, $p=0.00$。

在深加工组中：

(1) 被试的英语词语启动效应量与其英语总体水平之间具有显著负相

关：$r = -0.49$，$p = 0.03$。

（2）被试的英语学习年限与汉语发音水平（$r = 0.54$，$p = 0.01$）和英语发音水平（$r = 0.45$，$p = 0.05$）之间具有显著相关。这说明随着英语学习时间的增长，被试的英语发音水平将得到提高。

（3）被试的高考英语分数与其汉语发音水平（$r = 0.53$，$p = 0.02$）、课下英语使用情况（$r = 0.56$，$p = 0.01$）和英语口语测试成绩（$r = 0.48$，$p = 0.03$）之间具有显著相关。

（4）被试的汉语总体水平与其汉语听力水平之间具有显著相关：$r = 0.68$，$p = 0.00$。

（5）被试的汉语听力水平与其汉语朗读能力之间具有显著相关：$r = 0.50$，$p = 0.02$。

（6）被试的汉语发音水平与其汉语朗读能力之间具有显著相关：$r = 0.82$，$p = 0.00$。

（7）被试的总体英语水平与其英语听力水平（$r = 0.56$，$p = 0.01$）、英语发音水平（$r = 0.79$，$p = 0.00$）、英语朗读能力（$r = 0.71$，$p = 0.00$）和英语口语测试成绩（$r = 0.59$，$p = 0.01$）之间具有显著相关。

（8）被试的英语听力水平与其英语发音水平（$r = 0.47$，$p = 0.04$）、英语朗读能力（$r = 0.67$，$p = 0.00$）和英语口语测试成绩（$r = 0.61$，$p = 0.00$）之间具有显著相关。这表明，被试的英语听力、发音和朗读能力越强，其口语测试成绩越高。该结果证实了本研究中口语测试成绩的有效性。

（9）被试的英语发音水平与其英语朗读能力（$r = 0.78$，$p = 0.00$）和英语口语测试成绩（$r = 0.80$，$p = 0.00$）之间具有显著相关。该结果与基线组被试和浅加工组被试极其相似，即被试的发音和朗读能力越强，其口语测试成绩越高。

（10）被试的英语朗读能力与其英语口语测试成绩之间具有显著相关：$r = 0.90$，$p = 0.00$。

（11）被试的目标词语的翻译得分与其高考英语成绩（$r = 0.67$，$p = 0.00$）、汉语发音水平（$r = 0.45$，$p = 0.50$）和课下英语使用情况（$r = 0.48$，$p = 0.03$）显著相关。

4.4　实验四结果与分析

实验四考察词语听取方式(孤立听取词语和在语篇中听取词语)对外语词语听觉内隐记忆的影响。

实验四采用 2×2 两因素混合实验设计。实验中的组间变量为词语的听取方式(孤立听取词语和在语篇中听取词语)。组内变量为词语重复性(重复词语和未重复词语)。因变量为对目标词语的 RT。

实验假设:外语词语听觉内隐记忆受到词语听取方式的影响。具体来说,孤立听取外语词语比在语境中听取外语词语对听觉内隐记忆的促进作用更大。如果孤立组被试对重复词语的 RT 显著快于语篇组被试对重复词语的 RT,则可证明实验假设。

4.4.1　异常数据的统计与排除

在对词语反应时进行推断性统计之前,研究者打开 E-prime 软件的 E-Data Aid 从而查看每位被试对每个目标词语的反应时情况。经统计,未发现孤立组被试的异常 RT 和无效跟读词语。然而,在语篇中发现了 23 次无效跟读,即数据显示其跟读 RT 为 0。无效跟读词语的数量占全部跟读词语的 0.01%。这可能是因为被试偶尔朗读时离麦克风过远,其发音未能触发语音键所致。从异常数据分析可见,被试的跟读 RT 基本正常,数据呈正态分布,可以进行下一步的数据分析。

4.4.2　数据统计:方差分析与相关分析

对两组被试的 RT 数据进行描述性统计,结果如图 4-4 所示。

从图 4-4 可知:

(1) 在孤立组中,重复词语的 RT ($M=720.85$, $SD=26.37$)快于未重复词语的 RT ($M=757.91$, $SD=26.80$)。

(2) 在语篇中,重复词语的 RT ($M=780.80$, $SD=22.70$)快于未重复词语的 RT ($M=817.85$, $SD=24.53$)。

对两组被试的 RT 数据进行重复测量方差分析发现:

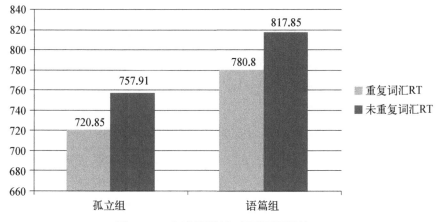

图 4-4　实验四被试对目标词语的 RT

（1）词语听取方式的主效应显著：$F(1,58)=96.68$，$p=0.00$。孤立组被试对目标词语的 RT 显著快于语篇组被试对目标词语的 RT。

（2）词语重复性的主效应显著：$F(1,58)=274.94$，$p=0.00$。重复词语的 RT 显著快于未重复词语的 RT。

（3）词语听取方式和词语重复性的交互作用不显著：$F(1,58)=0.00$，$p=0.10$。

这说明：不管是孤立听取词语还是在语篇中听取词语，重复词语的 RT 均显著快于未重复词语；不管是重复词语还是未重复词语，孤立听取的词语的 RT 均显著快于在语篇中听取的词语的 RT。

方差分析结果证实了实验假设。结果表明，外语词语听觉内隐记忆受到词语听取方式的影响：孤立听取外语词语比在语境中听取外语词语对听觉内隐记忆的促进作用更大。

研究者计算并对孤立组重复词语的启动效应量（$M=37.06$，$SD=16.50$）和语篇组重复词语的启动效应量（$M=37.05$，$SD=18.32$）进行了独立样本 t 检验，结果发现，两组之间词语启动效应的差异不显著：$t(58)=-0.07$，$p=0.95$。

那么，两组被试的英语词语启动效应量与其汉语和英语学习经历和各方面能力之间是否具有相关关系呢？

研究者对孤立组被试的英语词语启动效应量与其高考语文成绩、汉语总体水平、汉语听力水平、汉语发音水平、汉语朗读能力、英语学习年限、高考英语成绩、英语总体水平、英语听力水平、英语发音水平、英语朗读能力、课下英语使用情况、英语口语测试成绩、目标词语翻译得分和目标词语熟悉度进行相关分析(详见附录三十一)。

结果显示,在孤立组中:

(1) 被试的英语词语启动效应量与其英语学习年限($r=0.00$,$p=0.99$)、高考语文分数($r=0.13$,$p=0.51$)、高考英语分数($r=0.06$,$p=0.77$)、汉语总体水平($r=0.00$,$p=0.10$)、汉语听力水平($r=0.05$,$p=0.78$)、汉语发音水平($r=-0.05$,$p=0.79$)、汉语朗读能力($r=-0.25$,$p=0.19$)、英语总体水平($r=0.32$,$p=0.08$)、英语听力水平($r=0.17$,$p=0.36$)、英语发音水平($r=0.13$,$p=0.50$)、英语朗读能力($r=-0.05$,$p=0.78$)、课下英语使用情况($r=0.20$,$p=0.30$)、英语口语测试成绩($r=-0.10$,$p=0.58$)、目标词语翻译得分($r=-0.09$,$p=0.63$)和目标词语熟悉度($r=-0.11$,$p=0.57$)之间均不具有显著相关。

(2) 被试的高考语文分数与其汉语发音水平之间显著相关:$r=0.44$,$p=0.02$。

(3) 被试的高考英语分数与其英语口语测试成绩($r=0.38$,$p=0.04$)、目标词语翻译得分($r=0.77$,$p=0.00$)和目标词语熟悉度($r=0.47$,$p=0.01$)之间具有显著相关。

(4) 被试的汉语总体水平与其汉语听力水平($r=0.66$,$p=0.00$)和汉语朗读能力($r=0.40$,$p=0.03$)之间具有显著相关。

(5) 被试的汉语听力水平与其汉语发音水平($r=0.56$,$p=0.00$)、汉语朗读能力($r=0.57$,$p=0.00$)、英语总体水平($r=0.37$,$p=0.04$)、英语发音水平($r=0.40$,$p=0.03$)和英语朗读能力($r=0.46$,$p=0.01$)之间具有显著相关。

(6) 被试的汉语发音水平与其汉语朗读能力($r=0.74$,$p=0.00$)、英语朗读能力($r=0.39$,$p=0.03$)和英语口语测试成绩($r=0.36$,$p=0.05$)之间具有显著相关。

(7) 被试的汉语朗读能力与其英语朗读能力之间具有显著相关:$r=0.43$,$p=0.02$。被试的英语总体水平与其英语听力水平($r=0.74$,$p=$

0.00)、英语发音水平($r=0.80$，$p=0.00$)、英语朗读能力($r=0.72$，$p=0.00$)和英语口语测试成绩($r=0.61$，$p=0.00$)之间具有显著相关。

（8）被试的英语听力水平与其英语发音水平（$r=0.69$，$p=0.00$)、英语朗读能力($r=0.69$，$p=0.00$)、课后英语使用情况($r=0.38$，$p=0.00$)和英语口语测试成绩($r=0.56$，$p=0.00$)之间具有显著相关。

（9）被试的英语发音水平与其英语朗读能力（$r=0.86$，$p=0.00$)、课下英语使用情况($r=0.43$，$p=0.02$)和英语口语测试成绩($r=0.75$，$p=0.00$)之间具有显著相关。

（10）被试的英语朗读能力与其课后英语使用情况（$r=0.41$，$p=0.03$)和英语口语测试成绩($r=0.86$，$p=0.00$)之间具有显著相关性。

（11）被试的目标词语翻译得分与目标词语熟悉度之间相关显著：$r=0.75$，$p=0.00$。

对语篇组被试的英语词语启动效应量与其汉语和英语学习经历和各方面能力之间的相关分析结果显示：

（1）被试的英语词语启动效应量其英语学习年限（$r=0.14$，$p=0.46$)、高考语文分数($r=0.03$，$p=0.90$)、高考英语分数($r=0.13$，$p=0.48$)、汉语总体水平($r=-0.21$，$p=0.27$)、汉语听力水平($r=-0.14$，$p=0.46$)、汉语发音水平($r=-0.10$，$p=0.60$)、汉语朗读能力($r=-0.09$，$p=0.64$)、英语总体水平($r=-0.02$，$p=0.90$)、英语听力水平($r=-0.12$，$p=0.54$)、英语发音水平($r=-0.08$，$p=0.67$)、英语朗读能力($r=-0.14$，$p=0.47$)、课下英语使用情况($r=0.18$，$p=0.34$)、英语口语测试成绩($r=-0.12$，$p=0.52$)、目标词语翻译得分($r=0.25$，$p=0.19$)和目标词语熟悉度($r=0.23$，$p=0.23$)之间均不具有显著相关。

（2）被试的高考英语分数与其课下英语使用情况之间具有显著相关：$r=0.43$，$p=0.00$。

（3）被试的汉语总体水平与其汉语听力水平（$r=0.59$，$p=0.00$)、汉语发音水平($r=0.68$，$p=0.00$)、汉语朗读能力($r=0.49$，$p=0.01$)、英语听力水平($r=0.38$，$p=0.04$)、英语发音水平($r=0.45$，$p=0.01$)、英语朗读能力($r=0.42$，$p=0.02$)和英语口语测试成绩($r=0.38$，$p=0.04$)之间具有显著相关。

（4）被试的汉语听力水平与其汉语发音水平（$r=0.82$，$p=0.00$）、汉语朗读能力（$r=0.69$，$p=0.00$）、英语发音水平（$r=0.57$，$p=0.00$）、英语朗读能力（$r=0.44$，$p=0.00$）和英语口语测试成绩（$r=0.37$，$p=0.00$）之间具有显著相关。

（5）被试的汉语发音水平与其汉语朗读能力（$r=0.68$，$p=0.00$）和英语发音水平（$r=0.46$，$p=0.01$）之间具有显著相关。

（6）被试的汉语朗读能力与其英语总体水平（$r=0.40$，$p=0.03$）和英语发音水平（$r=0.39$，$p=0.03$）之间具有显著相关。

（7）被试的英语总体水平与其汉语朗读能力（$r=0.40$，$p=0.00$）、英语发音水平（$r=0.37$，$p=0.00$）和英语朗读能力（$r=0.41$，$p=0.03$）之间具有显著相关。

（8）被试的英语听力水平与其英语发音水平（$r=0.38$，$p=0.04$）、英语朗读能力（$r=0.47$，$p=0.01$）和英语口语测试成绩（$r=0.45$，$p=0.01$）之间具有显著相关。

（9）被试的英语发音水平与其英语朗读能力（$r=0.84$，$p=0.00$）和英语口语测试成绩（$r=0.70$，$p=0.00$）之间具有显著相关。

（10）被试的英语朗读能力与其英语口语测试成绩之间具有显著相关：$r=0.80$，$p=0.00$。

（11）被试的课下英语使用情况与目标词语翻译得分（$r=0.57$，$p=0.00$）和目标词语熟悉度（$r=0.48$，$p=0.01$）之间具有显著相关。

（12）目标词语翻译得分和目标词语熟悉度之间相关显著：$r=0.84$，$p=0.00$。

4.5　本章小结

本章按照实验顺序首先简要回顾各项实验的实验设计和研究假设。其次，对各项实验的数据进行了统计和分析。从数据统计来看，除实验一和实验三分别发现了 73 个和 23 个无效跟读 RT 数据外，各项实验中异常跟读词语的数量极少。再次，对各项实验数据进行的重复测量方差分析结果证实了各项实验的研究假设。最后，研究者对各项实验中被试的词语启动效应量与其语言学习经历和语言的各方面能力进行了相关分析，并发现听觉启动效应量与被试的英语学习年限、高考英语水平、英语总体水平、汉语总体水平、汉语听力水平、汉语发音水平、汉语朗读能力、英语朗读能力、目标词语翻译得分和目标词语熟悉度之间具有显著的正相关关系，但这种相关关系并不稳定。

第5章
讨　论

本章将结合四项实验的研究问题、研究方法和实验结果进行讨论。研究者将先对实验二、实验三和实验四的结果进行讨论，之后根据实验一的结果并结合实验二、实验三和实验四的结果及先行母语和外语词语听觉启动研究对本研究进行总体性讨论。

5.1　外语词语听觉内隐记忆中的语音特定性

在日常生活和学习中，外语学习者的母语输入量和产出量均显著高于其外语的输入量和产出量。特别是外语学习者在已掌握了母语语音系统之后学习外语，其外语词语的语音加工和提取是否受到母语语音的影响呢？外语学习者构建和提取的词语音位表征是具体的还是抽象的呢？对此，研究者采用跟读任务，以汉语为母语的成年英语学习者为被试对此问题开展了实验研究。结果显示，词语重复性的主效应显著：$F(1,29)=331.18$，$p=0.00$。

研究者更关心的问题在于词语朗读者的语音对词语提取速度的影响，即被试对由英语学习者和英语母语者朗读的词语的提取速度是否存在显著差异。实验结果显示，词语语音的主效应显著：$F(1,29)=360.35$，$p=0.00$。被试对由英语学习者朗读的重复词语的 RT（$M=724.40$）显著快于对由英语母语者朗读的重复词语的 RT（$M=763.31$）。这表明，听取英语学习者朗读的词语比听取英语母语者朗读的词语对被试的听觉内隐记忆的促进作用更大，即学习者构建的外语词语音位表征易受到母语语音的影响。

为什么被试提取由英语学习者朗读的词语的速度会显著快于提取由英

语母语者朗读的词语的速度呢？就词语在心理词库中的编码问题，心理词库模型存在分歧。抽象主义（如单词产生器模型）认为，词语在心理词库中是以抽象的语音进行表征的（McClelland，Elman，1986）。言语输入被重新编码成一串单位，然后与心理词库中的词条相匹配。这种观点强调词条抽象的属性，即言语信号中的个性信息，如话语产出者的语音、口音和语速均被简化成一系列理想的、抽象的音位，然后它们激活理想的、抽象的词语。而情景主义认为，词语是以具体的声觉痕迹的形式储存在大脑中的（Pisoni，1996）。词语识别包括将当下的声觉语音信号的形式与大脑中已存的声觉语音信号的形式直接对比。每个词语与许多声觉符号相连，词语识别就是在大量的词语形式中找到最相近的匹配。根据实验二的结果研究者认为，外语学习者，特别是初级和中级外语学习者在听取外语词语时可能对其进行了具体的编码，即该编码包括说话人特定的、具体的语境信息。

情景主义认为，事件在记忆系统中创建了独一无二的情景痕迹，包括编码时的加工（Morris，Bransford，& Franks，1977）。而词语的识别是通过与先前情景的相似性来完成的。记忆的表现取决于提取条件是否复原了编码时的加工操作或与之相匹配。在实验二中，被试提取目标词语并跟读时，其提取了包含先前情景的词语语音编码，因此导致由英语学习者朗读的词语的提取速度显著快于由英语母语者朗读的词语的提取速度。Roediger（1990）认为，诸如知觉识别之类的内隐记忆任务是数据驱动的，因为这类任务对于测试时的刺激输入是否与学习时的刺激输入相似具有敏感性。以相同的感官形式重复词语可以降低该词语的处理难度并增加处理的流畅度。

研究结果支持情景主义对口语词语识别的解释。导致该结果的原因可能跟听觉启动的一个特性有关。先行母语听觉启动研究发现，在语言产出和理解时，听话者可能对言语输入中大量的细节进行编码和储存。这些细节包括说话人的声音、语调和发音（Church，Schacter，1994）。与此密切相关的一个问题是，为何母语语音对外语词语的提取产生阻碍作用呢？研究者认为，我国外语学习者（特别是初级和中级外语学习者）接受的外语输入主要源于外语课堂中的外语教师。然而，绝大部分外语教师同样也是外语学习者，且大部分外语教师的英语发音具有典型的外国人口音（foreign accent），这直接导致外语学习者在对外语词语的语音进行编码时将源于教师的外语输入中的语音细节,包括错误或非标准的发音进行了编码。在实验二中,被试听取的目标词语一半是由中国籍外语教师录制的,另一半是由美国籍教师录制的。虽然两位教师的语音特征对被试均是陌生的,但被试听取的目标词语均对其具有高度的熟悉度。这意味着被试对目标词语的编码已经受到了母语语音的影响,即这些语音编码中包含非英语母语者的声音、发音、重音和语调等。然后这些语音编码与英语母语者对相同词语的语音编码在声音、发音、重音和语调等细节信息上存在差异。语音输入量和本质的不同可能导致母语习得者和外语学习者取得不同的语言学习成效(Marinova-Todd et al. ,2000)。

此外,对被试的英语学习者和英语母语者语音重复词语的启动效应量与其汉语和英语学习经历以及各方面能力进行的相关分析发现,被试的英语学习者语音重复词语的启动效应量与其英语学习年限($r = 0.37, p = 0.00$)、汉语总体水平($r = 0.53, p = 0.00$)、汉语发音水平($r = 0.50, p = 0.00$)和汉语朗读能力($r = 0.52, p = 0.00$)显著相关。该结果说明被试的汉语能力越强,其对由英语学习者重复的词语的启动效应收益越大。该结果表明,母语能力越强的被试在构建外语词语音位表征时越容易受到母语语音的影响。

被试的英语母语语音重复词语启动效应量与其高考英语分数($r = 0.43, p = 0.00$)、英语总体水平($r = 0.41, p = 0.00$)和汉语朗读能力($r = 0.42, p = 0.00$)、目标词语翻译得分($r = 0.48, p = 0.01$)和目标词语熟悉度($r = 0.48, p = 0.01$)之间存在显著相关。虽然高考英语成绩无法完全客观、正确地反映学生的英语总体能力,但在一定程度上代表了学生的英语水平。该结果说明,被试的英语能力越强,其对由英语母语者重复的词语的启动效应量越大。结果证明,外语能力越强的被试在构建外语词语音位表征时越容易受到外语母语语音的影响。

实验二结果与 Trofimovich(2003)的研究结果具有相似性。Trofimovich 发现被试的外语听觉词语启动效应量与其外语口语能力($r = 0.34, p < 0.01$)、朗读错误($r = -0.35, p < 0.01$)和外国人口音($r = 0.32, p < 0.05$)显著相关。

实验二结果与 Nygaard 和 Pisoni(1998)的实验结果相似。Nygaard 和

Pisoni 发现,对熟悉的朗读者朗读的词语的识别正确率显著高于对不熟悉的朗读者朗读的词语的识别正确率。该研究表明,语音学习的归纳和迁移对学习和测试中的朗读者的特定信息具有敏感性(ibid.)。如果由熟悉的话语产出者朗读的词语比由不熟悉的朗读者朗读的词语更容易识别的话,那么就意味着话语产出者辨认任务中的知觉学习能力能够迁移至词语辨认任务中来(Nygaard,Pisoni,1998)。

实验二结果表明,虽然被试利用听觉启动认知机制构建了具体的词语音位表征,但其必须面对语音信号中存在大量的变异这一困难。词语周围的语音和音韵环境、说话人的嗓音和语速等均在很大程度上改变传递词语语音信号的声学特征(Nusbaum,Goodman,1994)。外语学习者必须以一种足够抽象的形式来表征词语的语音形式,从而使语音形式在声学变异广泛存在的语音信号中得到匹配。同时,该表征也应具体到能够区别读音相近的词语。传统观点认为,学习者通过对语音信号的标准化,即去除和说话人嗓音、音调等有关的声学变异,只保留词语的核心语音形式的办法来解决这个问题。但语音变异不应该被视为遮蔽了语言信息的噪声,而应该被视为包括有用的语言信息的合理变异(Goldinger,1998)。例如,听话人除了能够识别词语之外,还能够识别说话人的嗓音和音韵形式,并对方言或不同语体中存在的发音变异具有敏感性。然而,本研究结果表明,外语学习者对听觉词语的抽象信息不够敏感,即被试未能对由不同朗读者朗读的词语语音进行抽象并构建抽象的音位表征。由此可见,能够忽略说话人语音中存在变异的能力似乎无法轻易地由母语转移到外语中来。特别是对外语学习者来说,其似乎更加依赖外语词语的具体语境信息(Trofimovich,Gatbonton,2006)。实验结果启示我们有必要让外语学习者接触大量来自不同人的外语输入,特别是来自英语母语者的输入,从而使其能够逐渐忽略说话人语音中存在的变异,构建抽象的音位表征以便在不同的语境中识别同一词语。

5.2　加工水平对外语词语听觉内隐记忆的影响

按照对词语采取的分析类型,加工水平一般可分为浅加工和深加工两种(Craik,Lockhart,1972)。浅加工是指被试对词语的形式(语音或正字法)进行分析,如听话人关注所听到词语的音节数量,发音清晰度或所含字母数量等。深加工是指对词语的意义进行分析。例如,听话人关注词语的意义或词语的感情色彩等。研究表明,深加工对词语的外显记忆具有显著影响,但对内隐记忆的影响甚微(Rappold, Hashtroudi, 1991; Srinivas, Roediger, 1990)。

本研究中,实验三考察加工水平对外语词语听觉内隐记忆的影响。除浅加工组和深加工组以外,在实验中还加入了一个基线组,即无侧重加工组,以此为参照对比浅加工和深加工条件下词语内隐记忆的变化情况。实验结果发现,词语重复性的主效应显著:$F(1,57)=418.545$,$p=0.00$。重复词语的 RT($M=760.90$)显著快于未重复词语的 RT($M=796.26$)。这说明启动效应存在。该结果再次证明了外语学习者跟母语习得者一样可以利用听觉启动的认知机制加工和提取外语词语的音位表征。

更重要的是:

(1) 加工水平的主效应显著:$F(2,57)=96.45$,$p=0.00$。浅加工组被试对目标词语的 RT($M=724.23$)显著快于基线组被试对目标词语的 RT($M=745.97$)。而基线组被试对目标词语的 RT 又显著快于深加工组被试对目标词语的 RT($M=865.53$)。这说明,外语词语听觉内隐记忆受到词语加工水平的影响,即对词语进行浅加工(知觉加工)比对词语进行深加工(意义加工)所产生的启动效应更大;对词语进行无侧重加工时,启动效应强度比对词语进行深加工时更大。

(2) 词语重复性与加工水平的交互作用显著:$F(2,57)=7.34$,$p=0.00$。

(3) 通过对基线组重复词语的启动效应量($M=33.37$,$SD=10.00$)、浅加工组重复词语的启动效应量($M=44.28$,$SD=16.05$)和深加工组重复词语的启动效应量($M=28.43$,$SD=13.42$)进行单因素方差分析发现,各组在启动量上的差异显著:$F(2,57)=7.34$,$p=0.00$。浅加工组的启动效应量显著大于基线组和深加工组。该结果进一步证实了实验假设。

实验三中的目标词语来自 Trofimovich(2003)对以英语为母语的西班牙语二语习得者进行的外语词语听觉启动研究。因其实验中被试的母语为英语,而本实验中被试的外语为英语,且被试同为成年大学生,故两次实验结果具有一定的可比性。通过对比相同实验材料的启动效应强度可以看出相同词语的启动效应在母语者和外语学习者身上是否存在差异。实验三中被试对英语目标词语和 Trofimovich 的研究中英语目标词语的 RT 情况如图 5-1 所示。

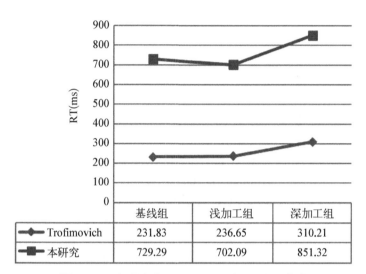

图 5-1　本研究和 Trofimovich(2003)研究中
英语目标词语 RT 的对比情况

由图 5-1 可见,对于相同的英语词语,英语母语者的 RT 显著快于外语学习者的 RT。这表明,母语词语加工和提取的速度比外语词语加工和提取的速度更高。

实验三的结果与 Trofimovich(2003)的实验结果相同之处在于两项实验均发现浅加工组的听觉启动效应量显著大于深加工组。不同的是,本研究发现浅加工组的听觉启动效应量大于基线组,而 Trofimovich 发现基线组的听觉启动效应量大于浅加工组。此外,本研究中被试对英语词语的 RT 均慢于 Trofimovich 研究中被试对西班牙语词语的 RT,如图 5-2 所示。

那么,为何两项实验均发现对词语进行浅加工比对词语进行深加工所产生的启动效应更强呢? 首先,词语启动似乎依靠本质上是听觉而不是语义的表征。Church,Schacter (1994)的研究表明,在学习任务中无论被试关注词语的意义还是形式,听觉启动效应均不受影响。这表明听话人不需

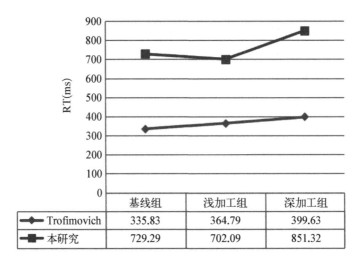

图 5 - 2　实验三被试对英语重复词语的 RT 与
　　　　　Trofimovich(2003)的被试对西班牙语重复词
　　　　　语的 RT 的对比情况

要关注词语的意义,只需听取词语即可产生启动效应。其次,神经心理学研究揭示了词语阅读与词语语义知识之间的差异。这些差异使研究者们相信在语义记忆之外还存在一个独立操作的前语义知觉表征系统。神经心理学研究记录了由大脑损伤造成的不同种类的失读症和阅读障碍(Coltheart,Patterson,& Marshall,1980)。研究发现一类患者能够出声朗读为其视觉呈现的词语,却无法理解这些词语的意义。词语形式通达的能力完好而词语意义通达的能力受损证实了知觉表征系统具有前语义性的假设(Warrington,Shallice,1980)。再次,患有严重日常物体识别障碍的人也为前语义系统的存在提供了证据(Riddoch et al.,1988)。失认症患者在实验中无法从三幅图片中将两个功能一致的物体选出来。同时,他们也无法说出其呈现的视觉物体的功能。而在物体结构特征视觉测试中,其任务表现和正常人相差无几(Warrington,1975)。这说明,物体识别能力受损的认知缺陷来源于其无法通达物体的语义信息。最后,语义通达受损而结构知识通达能力完好这一点使研究者们提出了有别于语义系统,但与之相联系的一个系统。Tulving(1983)认为启动可能是这个系统的工作机制。启动和知觉识别可能是同一个知觉表征系统(perceptual representation system)的表现形式(Tulving,Schacter,1990)。Tulving 和 Schacter(1990)认为,正常被试面对有歧义的刺激时,似乎都能够采用认知操作的知觉模式或者认知操作的记忆模式。在知觉模式下,认知操作包含将当下的刺激和知觉表征系统中的信息相联系。这种操作反映了启动现象,即无须有意识地回忆学习经历即可促进知觉过程。在记忆模式下,认知操作包含将提示信息和情景记忆中储存的信息相匹配。如果匹配成功的话,被试将能够回忆起目标词语在学习阶段出现过。Tulving 和 Schacter 认为知觉模式下的认知操作无需其他记忆系统的参与,然而记忆模式下的认知操作依赖于语义记忆和情景记忆的资源(ibid.)。

与此同时,在学习阶段,当浅加工组被试判断词语发音的清晰度时,其关注的是词语的知觉形式(附录十六),而深加工组被试判断词语的感情色彩时,其注意力主要分配在词语的意义层面(附录十七)。在测试阶段,被试完成的发音任务是一种知觉内隐记忆测量任务,因为被试只需听取词语,从词语中提取词语的输入音素,然后对词语语音进行编码,最后完成发音跟读即可(Gupta,MacWhinney,1997)。可见,浅加工组被试在学习阶段和测试阶段的认知加工相同,其信息的编码和提取均为数据驱动。但是,深加工组被试在学习阶段和测试阶段的认识加工不同:其在学习阶段的信息编码为概念驱动,而在学习阶段信息的提取为数据驱动(Roediger 和 Blaxton,1987)。根据迁移适当加工假说,人的记忆表现取决于学习阶段和测试阶段中加工的本质,即学习和测试阶段中加工操作越相似,记忆效果则越好,这是因为两次经历中的加工操作发生了迁移(Roediger,McDermott,1992)。笔者认同迁移适合加工假说的观点,认为深加工组被试在学习阶段和测试阶段所采用的认知加工不同,故学习阶段中的加工操作无法迁移到测试阶段中,从而降低了其内隐记忆的强度。

那么为何两项实验结果存在分歧呢?笔者认为在本实验中对词语进行浅加工所产生的启动效应量大于对词语进行无侧重加工所产生的启动效应量的现象可能是由多方面导致的。在学习阶段的实验设计上,Trofimovich 只让基线组被试听取目标词语,除此之外被试无须做出任何反应。因此,基线组被试听取词语时对词语真正采取的加工方式我们无从得知。然而,在本研究中,被试在学习阶段听取目标词语时与浅加工组和深加工组一样,都要完成一个附加任务,即在《词语听取确认表》中将听到的词语标记出来。

当被试在听取词语并同时完成附加任务时,目标词语的编码受到干扰,从而导致了启动效应量的下降。

相关分析发现,在浅加工组中,被试的英语词语启动效应量与其汉语朗读能力($r=-0.60$, $p=0.01$)和英语朗读能力($r=-0.45$, $p=0.05$)均具有显著的负相关关系。该结果表明,无论对于母语还是外语,被试的朗读能力越强,其词语的启动效应量则越小。这一点可能是由于被试的朗读能力达到一定程度时,其将无法从重复词语中提高词语的加工速度,即对词语进行重复,特别在只重复一次的条件下,对其内隐记忆的提高程度不如对朗读能力稍弱的被试那样显著。而在深加工组中,被试的英语词语启动效应量与其英语总体水平之间具有显著负相关:$r=-0.49$, $p=0.03$。这似乎表明,英语总体水平越高,从重复词语中提高词语的加工速度的能力越弱。换言之,英语总体水平越低,重复词语(即使只重复一次)对其词语加工速度的提高程度越大。

从浅加工组被试的汉语总体水平与其汉语听力水平、汉语发音水平、汉语朗读能力、英语听力水平、英语发音水平和英语朗读能力之间具有显著相关来看,母语听力、发音和朗读能力强的被试其外语听力、发音和朗读能力同样也很强。这一点表明,语言加工具有类似性。母语中的加工操作似乎可以转移到外语中来。浅加工组被试的英语发音水平与其英语朗读能力和英语口语测试成绩之间具有显著相关,这一点与基线组被试具有高度的相似性。这进一步提高了该相关性的稳定性。

5.3 呈现方式对外语词语听觉内隐记忆的影响

实验四考察孤立听取词语和在语篇中听取词语对词语听觉内隐记忆的影响。研究结果显示,听取方式和词语重复性的主效应均为显著:$F(1,58)=96.68$, $p=0.00$;$F(1,58)=274.94$, $p=0.00$。研究证明,外语词语听觉内隐记忆受到词语听取方式的影响:孤立听取外语词语比在语境中听取外语词语对听觉内隐记忆的促进作用更大。

就语境效应产生的原因,研究者们提出了不同的解释。当某词语出现在有意义的语境中时,跟该词语孤立出现时相比,其被赋予了不同的含义,即在测试阶段没有语境的情况下，被试对两次出现的同一词语可能赋予不同的含义（Bainbridge，Lewandowsky，& Kirsner，1993）。当词语出现在有意义的语境中时，跟孤立呈现时相比，其受到的知觉或概念加工将减少。例如，被试可能利用语境信息来帮助其进行词语辨认。利维和克斯纳的语境框架理论认为语篇表征是全局的，它保存了语篇情景表征中的词语信息和知觉加工（Levy，Kirsner，1989）。被试在测试时无法从语篇记忆中提取个别词语，因此导致启动效应消失。对此，Nicolas 和 Soderlund（2000）持不同观点，他们支持迁移适合加工假说（transfer-appropriate processing）。该假说认为人的记忆表现取决于学习和测试阶段中加工操作的本质，即学习和测试阶段中加工操作越相似，记忆效果则越好，这是因为两次经历中的加工操作发生了迁移（Morris，Bransford，& Frank，1977）。内隐记忆的加工论认为，信息编码和提取过程主要有两种驱动模式，即概念驱动加工和数据驱动加工（Roediger，Blaxton，1987）。概念驱动加工是指被试个人发起的如精加工、组织和重组之类的认知活动，而数据驱动加工是由测试材料的信息或数据发起的。学习任务一般包括知觉加工和概念加工（Tulving，Schacter，1990）。就语言学习任务而言，学习者既可以关注语言输入的形式（知觉加工），也可以关注语言输入的意义（概念加工）。当然，纯粹的知觉或概念加工是不存在的，更多的是两者之间复杂的互动（Challis，Velichkovsky，& Craik，1996）。

笔者支持迁移适合加工假说的观点，认为语篇组被试在有语境的语篇中听取目标词语时，因被要求认真听取短文内容，且短文中的词语为被试高度熟悉的词语，所以其注意力主要分配在语义层面。语篇中的概念信息促使其采取自上而下的加工策略进行词语听辨（概念加工），因此减少了知觉分析的必要性。在实验的测试阶段，被试在孤立地听取词语并跟读时，其注意力主要集中于词语的知觉特征上。根据词语路径模型的观点，跟读只通达词语的语音阶段，而不涉及对词语意义的提取（Gupta，MacWhinney，1997）。因语篇组被试两次听取相同词语时所采取的加工操作不同，故学习阶段中的加工操作无法迁移到测试阶段中，如图 5-3 所示。

与之相反，孤立组被试在学习阶段和测试阶段听取和跟读的都是孤立呈现的目标词语，其对词语均主要进行知觉加工。例如，当被试两次听到

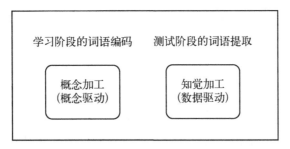

图5-3　实验四语篇组被试在词语编码与
提取中的加工操作

"complex"时，均只需提取词语的音素/kəmˌplɛks/，然后发音跟读即可。两次经历中保存了相同的目标词语的知觉特征，从而使加工操作的迁移变为可能，因此，孤立组被试的外语词语听觉启动效应比语篇组被试的更强，如图5-4所示。

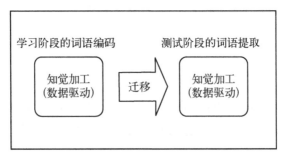

图5-4　实验四孤立组被试在词语编码与
提取中的加工操作

5.4　母语词语和外语词语加工中的听觉启动认知机制

实验一考察了外语学习者的母语词语和外语词语的听觉启动效应。研究结果发现：

（1）语言的主效应显著：$F(1,29)=195.66$，$p=0.00$。被试对汉语词语的RT（$M=698.19$）显著快于对英语词语的RT（$M=742.17$）。

（2）词语重复性的主效应也为显著：$F(1,29)=301.67$，$p=0.00$。被试对于重复词语的RT（$M=693.40$）显著快于对未重复词语的RT（$M=$

746.95）。

（3）语言和词语重复性的交互作用不显著：$F(1,29) = 0.014$，$p = 0.91$。

结果说明无论是母语还是外语，重复词语的 RT 均显著快于未重复词语的 RT；无论是重复词语还是未重复词语，母语词语的 RT 均显著快于外语词语的 RT。结果证实了实验假设，并表明虽然听觉启动是母语词语和外语词语加工和提取的认知机制，但在母语和外语中存在差异。

通过对汉语词语启动效应量（$M = 53.95$，$SD = 26.72$）和英语词语启动效应量（$M = 53.16$，$SD = 22.96$）进行配对样本 t 检验发现，被试的汉语词语启动效应量略高于英语词语的启动效应量，但差异不显著：$t(29) = 0.12$，$p = 0.91$。这可能由被试对英语目标词语高度熟悉所致。被试对两种目标词语（汉语和英语）均具有高度的熟悉性，这些词语在被试心里词库中可能均已建立了正确的、牢固的词语表征，因此对这些汉语词语和英语词语进行重复所产生的启动效应量比较接近。

相关分析发现，被试的英语词语启动效应量与其英语学习年限显著相关：$r = 0.41$，$p = 0.02$。这似乎表明，英语学习年限越长的被试，其英语词语的启动效应量越大。

以上结果表明，对词语进行重复对两种语言中词语的加工具有相似的促进作用。

那么，为何母语词语内隐记忆的强度高于外语词语的内隐记忆强度呢？造成母语习得和外语学习之间存在差异的原因，一般有三种理论解释。

第一种解释：迈克认为，母语习得和外语学习中存在的区别可能是大脑结构在早期母语习得和之后外语学习中神经生物成熟变化的结果（Mack，2003）。

第二种解释：语言输入量和本质的不同可能是造成母语习得和外语学习成效不同的另一个原因（Marinova-Todd，Marshall，& Snow，2000）。

第三种解释：导致母语习得和外语学习成效不同的原因可能在于学习者对两种语言采取的加工机制不同（Barcroft，VanPatten，1997）。

笔者支持第三种理论解释，即母语词语和外语词语学习成效之间的差异来源于听觉启动认知机制在母语和外语中发挥的作用不同。研究者们通过考察听觉通道中的词语内隐记忆发现,外语学习者跟英语母语者一样,在听取外语词语时能够产生听觉启动效应(例如,Ju,Church,2001;Trofimovich,2005,2008;Trofimovich,Gatbonton,2006;Karjo,2012)。但是,母语中的听觉启动效应比外语中的听觉启动效应更强(如Trofimovich,2003)。学习者对母语词语的抽象信息和具体信息均具有敏感度,但其对外语词语的具体语境特征的敏感度不如对母语词语那样高(Bradlow,Pisoni,1999)。学习者对外语词语的抽象匹配敏感度也不如对母语词语的抽象匹配敏感度那样高,这导致学习者无法对在大量语境中出现的外语词语的实例进行归纳(Bradlow,Pisoni,Akahane-Yamada,&Tohkura,1997)。总之,学习者的母语与外语之间存在的这些差异可能导致其常常无法构建正确、牢固的外语词语音位表征(Flege et al.,1999)。

那么,为何听觉启动能够成为母语词语和外语词语加工和学习的认知机制呢?

其一,词语的习得始于词语音位表征的构建。为识别口语词语,语言学习者(母语习得者和外语学习者)必须构建词语语音形式的长时表征,并使用这些表征在不同的语境中识别这些词语。然而,词语表征发展的学习机制面临一系列的束缚。语言学习者必须在将语义和语音进行匹配之前构建音位表征。几乎所有的词语语音习得理论(Fisher,Hall,Rakowitz,&Gleitman,1994;Woodward,Markman,1997)均认为,为了收集跨情景和跨句子的观察数据,学习者需要具备能够识别反复出现的、没有固定意义的语音形式的能力。

其二,学习者构建的前语义音位表征和使用它们进行词语识别的过程必须使其能够将一个新的实例与之前编码的语音形式相匹配,且即使在连贯的话语中也可以进行匹配。启动满足了这些要求,因此可以成为词语加工和习得的认知机制。

5.5 总体讨论

通过四项实验结果可知:

(1)听觉启动认知机制不仅存在于母语和外语词语加工的过程中,且在母语和外语中存在启动量不同、影响因素不同的特点。那么，为何语言使用者可以利用听觉启动的认知机制来加工和提取词语呢？笔者认为，听觉启动反映了前语义知觉表征系统的要求。初期习得母语的儿童和外语初学者均需先构建词语的音位表征；而后将音位表征与其所指的事物相联系（Aitchison，2003），再不断增加其他相关知识以形成词语网络；最终，使用完整的词语表征识别和产出词语（Fisher，Hall，Rakowitz，Gleitman，&1994）。

换句话说，在语言学习者的大脑中词语的语义表征构建完成之前，他们需要一种不需要提取语义就能够表征词语语音形式的认知机制。听觉启动恰好满足了这一个要求。首先，听觉启动无须通达词语意义，它能够反映学习者构建和使用词语音位表征的过程（Woodward & Markman，1997）。其次，听觉启动效应量的大小取决于词语之间的知觉匹配程度，它是构建和使用语境特定的词语音位表征的结果（Goldinger，1996）。最后，听觉启动具有持久性和稳定性（Pilotti，Beyer，2002），因此，它可以自动地对词语的音位表征进行编码和提取。

听觉启动的这些特点使得语言学习者能够在习得母语词语时完成两个相关的学习任务（Church，Fisher，1998）。一方面，学习者必须利用听觉启动识别反复出现的语音形式或声音类型，并赋予同一语音形式以同一意义。另一方面，在构建词语音位表征时，学习者应利用听觉启动充分表征词语的听觉和语境信息，以便在之后在不同的语境中识别这些词语（Jusczyk，1977；Ryalls，Pisoni，1997）。

（2）语言学习者必须面对语音信号中存在大量的变异这一困难。词语周围的语音和音韵环境、说话人的嗓音和语速等均在很大程度上改变传递词语语音信号的声学特征（Lively，Pisoni，& Goldinger，1994；Nusbaum，Goodman，1994）。学习者必须以一种足够抽象的形式来表征词语的语音形式，从而使语音形式在声学变异广泛存在的语音信号中得到匹配。同时，该表征也应具体到能够区别读音相近的词语。传统观点认为，儿童通过对语音信号标准化，即去除和说话人嗓音、音调等有关的声学变异，只保留词语的核心语音形式的办法来解决这个问题。但 Pisoni（1997）和 Goldinger（1998）向这一传统观点提出了挑战。他们认为，语音变异不应该被视为是遮蔽了语言信息的噪声,而应该被视为包括有用的语言信息的合理变异。例如,听话人除了能够识别词语之外,还能够识别说话人的嗓音和音韵形式,并对方言或不同语体中存在的发音变异具有敏感性。外语学习者跟母语儿童一样均利用两套只表征词语形式而不表征词语意义的前语义表征系统(Schacter,1987)。在编码阶段,词语形式的两种表征得到计算。一种是语音符号的抽象表征,该表征脱离表层特征并储存在左脑中。另一种是词语的知觉表征,它脱离词语意义并被储存在右脑的前语义表征系统中。

(3)听觉启动属于重复启动,即只有在相同词语或刺激得到重复的情况下才能使其产生作用。儿童指向语(child-directed speech)研究表明,儿童在习得母语时接触的大量词语均具有重复性。如儿童反复听取由其母亲、父亲或保姆等人对其说"饭儿"或"饭儿饭儿"一词。同样,外语学习者在学习外语词语时,教师对其多采用领读的方法,要求学习者多次反复跟读相同词语。在初中英语教材《新目标》(2005)中,每单元中生词均多次出现在该单元的听力、阅读和对话中,并在之后的各单元中反复出现。另外,在日常生活中,语言的使用具有重复性,语言使用者从每一次接触语言中受益,不断地利用启动认知机制对词语进行加工和提取,从而使词语的加工和提取速度越来越快,越来越准确。在这一点上,笔者认为,启动的工作机制可以由词语产生器模型(Morton,1969,1982)的观点来解释。词语产生器模型认为,每个词语在心理词库中被一个 logogen 所表征。每个 logogen 均有其阈限水平,只有达到阈限水平时词语才能得到识别。当活动不断增加时,logogen 将触发词语的激活。在 logogen 得到激活后,它的阈限将逐渐返回休眠状态。最近得到激活的词语的阈限将在短期内保持降低的状态,因此与其他未得到激活的词语相比,其识别速度更快。

(4)值得注意的是本研究中被试的任务表现不太可能受到外显记忆的污染,因为各项实验中学习阶段到测试阶段的条件保持了一致。这一点符合"提取意图标准"(Schacter,Bowers,& Booker,1989)。

综上所述,听觉启动能够适应前语义知觉表征系统的要求,并在对词语的形式进行具体的编码之后不断构建既包括语境信息的具体的知觉表征,包含语音符号的抽象的表征,使学习者在接受词语输入中不断提高词语的加工和提取的速度。

5.6 本章小结

本章根据实验数据和相关理论对实验二、实验三、实验四和实验一的实验结果与发现进行了讨论,总体分析了听觉启动认知机制在母语和外语词语加工中的特点和工作机制,阐明语言使用者为何可以利用听觉启动认知机制加工和提取词语。四项实验的结果分别支持情景主义、激活论的单词产生器模型、前语义知觉表征系统假说和迁移适当加工假说。

第6章
结 论

　　本研究试图解决的总体问题是以汉语为母语的大学生被试在听取母语和外语词语时，是否使用相同的听觉启动认知机制，以及外语词语听觉内隐记忆受到哪些因素的影响。

6.1　本研究的主要发现

　　本研究四项实验的主要发现有以下 6 点：

　　(1) 外语词语与母语词语一样，听觉启动也具有刺激具体性，即被试利用听觉启动认知机制对词语的具体语境特征进行编码和表征。这一点与口语词语识别的情景主义的观点一致。先行研究表明，被试不仅对重复词语识别得更快、更准，而且识别重复的声音也更快、更准(Nygaard，Pisoni，1998)。当被试两次听到同一个词语，且第二次听到的词语与第一次听到的词语具备两个或两个以上相同的语境特征时，启动效应最强。本研究的实验二发现，被试对于由英语学习者朗读的英语词语的 RT 显著快于对由英语母语者朗读的相同词语的 RT。这表明，被试对目标词语的编码受到了其母语语音的影响，而该影响与日常学习中被试接受的外语输入主要来源于课堂中的非英语母语者的外语教师有关。

　　(2) 外语词语的听觉启动具有自动性和迅速性。本研究的四项实验中被试只需要听取目标词语一次就可以促进其之后的再加工和提取(Goldinger，1996)。该现象可由单词产生器模型(Morton，1982)的观点来解释，即最近被激活的词语的激活阈限在返回到其休眠状态前得到再次激活时，其提取的速度比最近没有得到激活的词语的提取速度要快，且这种促进是无意识的。

（3）听觉启动在母语和外语词语加工中存在差异。实验一结果表明，母语词语的听觉启动效应量比外语词语的听觉启动效应量更大。而且，将实验三中英语目标词语的 RT 和 Trofimovich(2003)的研究中的英语目标词语的 RT 情况进行相比发现，对于相同的英语词语，英语母语者的启动效应量显著大于外语学习者的启动效应量。这表明，母语词语的内隐记忆强度比外语词语的内隐记忆强度更大。

（4）听觉启动受到加工水平的影响。实验三发现，基线组、浅加工组和深加工组在目标词语的启动效应量上存在显著差异。这说明，对词语进行浅加工比对词语进行深加工所产生的启动效应量更大，即浅加工更有利于促进词语的内隐记忆。

（5）听觉启动受到词语听取方式的影响。实验四结果表明，孤立听取词语比在语境中听取词语所产生的启动效应量更大。该研究结果与姜帆和刘永兵(2014)对初级英语学习者所做的相关研究结果一致。

（6）听觉启动效应量与被试的英语学习年限（实验一、实验二）、高考英语水平（实验二）、英语总体水平（实验二）、汉语总体水平（实验一、实验二）、汉语听力水平（实验一、实验二）、汉语发音水平（实验一、实验二）、汉语朗读能力（实验一、实验二）、英语朗读能力（实验一）、目标词语翻译得分（实验二）和目标词语熟悉度（实验二）之间具有显著正相关，但并不稳定。如实验三和实验四中未发现以上相关关系。

6.2　本研究的启示

为解答以汉语为母语的英语学习者在加工和提取母语和外语词语时是否使用相同的认知机制并查明影响该认知机制的主要因素，本研究采用启动研究范式对 90 名大学一年级被试进行了四项实验。研究证实了先行研究的生态有效性，并将研究对象和内容拓展到外语初学者和完整的语篇上，证明了听觉启动的认知机制不仅母语词语加工的认知机制而且外语学习者也可以利用听觉启动提高其词语的提取加工速度。本研究对心理语言学理论、外语教学方法和二语习得研究方法具有一定的启示。

6.2.1 理论启示

首先,本研究的四项实验结果支持了单词产生器模型、口语词语识别的情景主义、多重记忆系统论的前语义知觉表征系统假说和加工论的迁移适当加工假说。目前尚未有一个完整的内隐记忆理论。本研究的结果为构建一个完整的能够解释母语和外语词语启动效应的理论模型提供了实证数据。目前,词汇的语义习得和语义表征在词语习得研究中占主导地位。一个完整的词语习得理论,无论是母语还是外语均应涵盖语音和语义的习得机制两个部分。本研究结果为构建一个完整的外语词语语音和语义习得认知机制奠定了一定的基础。

其次,本研究表明学习者对外语词语意义的关注将降低其知觉内隐记忆的强度。"形式聚焦"(Focus on Form)恰好强调在以意义为中心的交际过程中,暂时将注意力转到语言形式上(Long,Crookes,1992)。因此,本实验的研究结果为"形式聚集"提供了理论依据。

再次,本研究结果也证实了行为主义中刺激与反应的重要性。根据桑代克的练习率(law of exercise),刺激和反应之间的连接随着练习次数的增加而增强,随着练习次数的减少而降低(Thorndike,1996)。斯金纳认为,儿童出生后首先通过模仿习得语音,然后是词语,最后才是句子(Skinner,1957)。听觉启动属于重复启动,只有反复地听取和朗读目标词语才能构建词语的音位表征。这说明,机械地跟读练习在外语词语的语音学习中具有一定功效。

最后,鉴于外语词语听觉启动的基础是外语词语的输入,本研究为克拉申的输入假说(Krashen,1985)提供了理论支撑。更重要的是,研究者对输入假说做出了补充和修改。Krashen(1985)认为,外语教师应该为学习者提供"i+1"的输入模式,即为学习者提供高于其现在语言知识之外的新知识。该假说强调的是对现有知识体系的扩充。而研究者认为,外语教师应当为学习者提供"i+1^{RbyMS}",其中"R"代表 repeated(重复),"MS" 代表 multiple speakers(大量不同的话语产出者),"1^{RbyMS}"即表示由大量不同的说话人不断地重复新的语言知识。以词语为例,学习者不仅在原有词汇的基础上不断地接受新的词语输入,同时新的词语在之后的输入中不断地得到反复应用。学习者利用听觉启动不断地将新词语从外显记忆转化到内隐记忆中,提高其词语的提取和加工速度。

6.2.2　教学启示

首先,在学习者接触外语听力输入较少的情况下,为其提供包含反复出现的目标语音特征的听力输入可以提高学习者外语产出的能力(Collins et al.,2009)。研究结果表明,只有在重复词语的条件下才能产生启动。因此,有必要设计教学活动和任务让学习者反复听取或阅读目标词语以便提高其内隐记忆效果。正如 McLaughlin 和 Heredia(1996)所说,学习者必须反反复复地练习,直到在不需要分配注意力的情况下也能进行操作为止。笔者认为,在初级英语教学中,教师可以使用英语儿歌(如"Little Indians")或英语绕口令(如"Canners can can what they can can.")等方法,让学习者反复输入和产出相同的词语,以提高词语内隐记忆的强度。

其次,因启动具有刺激具体性,即它能够使听话人对言语输入中的具体情境信息进行编码,因此外语教师应提高自身的英语发音水平,尽可能地为外语学习者提供标准、清晰的外语词语发音,从而使外语学习者能够构建正确、牢固的外语词语音位表征,并在日后的言语生活中提取和使用该表征。为防止母语语音对外语词语音位表征的构建产生不利影响,使学习者最终能够从具体的语音刺激中不断地抽象出音位表征并在不同的语境中识别相同词语,外语教师可以利用影音材料,如 CD、MP3、外文电影或动画片等为外语学习者提供来自英语母语者的输入,并要求学生反复模仿,提高其外语词语音位表征构建的正确性。作为教育管理者,政府和学校也应该考虑多聘任英语母语者的外籍教师、增加外教课课时,以提高听觉输入中语音的质量。

再次,我国外语教学中存在着重语法、重语义而轻语音的现象。在初级英语教学中,课堂教学大多直接从句子入手,而省略语音教学这个重要环节。然而,对外语学习者,甚至有大量接触外语的经验且有足够机会学习外语语音的个人来说,正确识别和产出外语词语的语音具有相当大的难度(Flege et al.,1999)。正确识别外语词语语音是识别其语义的前提,而正确产出外语词语才能保证其口语的可理解度。研究结果启示我们在英语教学中,特别是在初级英语教学中,教师应该为学生讲授音标和语音知识,培养和提高学生的语音意识,帮助学生构建正确的外语词语音位表征。教师可以通过视觉和听觉同时呈现目标词汇的方法，提高学习者对字母或字母组合发音的注意力以培养语音意识。如见到"th"字母组合，学习者就知道它们大部分时候发/θ/和/ð/，以避免其使用汉语中的/s/和/d/对/θ/和/ð/进行替代。

最后，笔者认为以下两种教学策略可提高学习者，特别是初学者对听觉输入中词语形式的注意力分配，提高其听觉内隐记忆效果（姜帆、刘永兵，2014）：

1）"形式聚焦"任务

在为学习者播放英语短文或对话并要求学习者回答内容理解的问题之后，教师还可以再次播放短文或对话，并要求学习者关注其中的某几个具体词语的类符和形符信息，即某词语出现的次数和每次出现时的形式，以此促进对词语的知觉加工。

2）"生词判断"任务

在讲授各课、各单元的生词时，教师可以为学生准备一张包括生词和一定数量的已知单词的词语表。播放教材中的配套录音时，让学生在听到的单词后打对号，以此提高对单个词语的注意力分配。

随着获得的外语听觉输入越来越多，以及其对输入中语音形式的注意力不断提高，外语初学习者能够从输入中提取重要的音位规则等形式信息，构建词语的音位表征，最终能够利用其音位表征准确地识别听觉词语（Trofimovich，2005）。

6.2.3 研究方法上的启示

本研究采用心理学和心理语言学研究中流行的启动范式，为被试呈现经严格标准筛选的目标词语，并控制被试和实验材料等多种变量以收集被试对目标词语的 RT。同时，研究采用比词语判定、残词补全或词干补笔更自然的跟读任务。本研究为以反应时为因变量的行为研究在方法上提供了一定的借鉴。

6.3 本研究的不足和未来研究的重点

诚然，本研究也存在着一些不足。例如，实验三各组只有 20 个被试，在对数据进行相关分析时样本量较小,因此得出的相关关系系数的效度不是很高。实验四的目标短文似乎过长,导致语篇组被试的实验时间显著长于孤立组被试。实验时间过长容易导致被试疲劳从而对被试的反应时产生不利的影响。在日后的研究中,笔者将更加认真地考虑实验设计,并吸取本研究中的经验教训,尽量避免类似问题的再次出现,提高实验设计的有效性。

本研究发现了听觉启动认知机制在外语词语加工中的一些特点和工作机制,在未来的研究可以进一步验证这些特点和工作机制,特别是如何利用其特点和机制提高学习者的词语音位表征构建的正确性和牢固程度,从而全面提高其词语的习得的速度和成效。笔者认为,未来研究可以从以下四方面进行:

首先,在研究对象上,未来研究可以选择多语者(如会两门外语的人群或会一种方言和一门外语的人群)进行研究,以便考察听觉启动认知机制在多语者的各个语言加工中工作机制和特性。同时,研究也可采取对比儿童被试、成年被试和老年被试的方法,扩大研究的范围。

其次,在研究问题上,未来研究可以考察外语词语听辨加工中语音形式和意义的互动关系。研究问题可以包括:外语学习者是如何进行音义结合的? 外语学习者的音义结合过程受到哪些因素的影响? 这些问题的解决有助于我们了解外语学习者,特别是初学者构建和发展词语音位表征的构建过程。未来研究还可以考察学习者如何利用听觉启动机制重构外语词语音位表征,或对已有的音位表征进行修复,使其音位表征更加准确。

再次,在研究方法上,未来研究可以在一项实验中采用如跟读和词语判定等两种或两种以上的内隐记忆测试任务的方法,进而提高测试结果的信度。在实验的学习阶段,研究者也可以为被试多次呈现目标词语,即将目标词语的重复次数作为自变量,考察大量重复对外语词语内隐记忆的影响。同时,未来研究可以使用 Praat 等语音分析软件,对学习者的语音产出进行分析,以考察如何利用启动机制更好地构建语音表征,提高语音产出的质量。未来研究也可以采用真人互动的方式,考察互动协同中听觉启动的作用、机制和影响因素。

最后,在实验材料的选择上,未来研究可以采用添加假词的办法考察被试对真词和假词的加工和提取速度,从而为进一步证实前语义表征系统假说提供证据。

6.4　本章小结

　　本章首先回顾本研究的六项主要发现，然后提出了本研究对词语内隐记忆理论、外语词语教学和二语词语习得研究方法的启示。在理论方面，本研究为构建一个完整的、能够解释母语和外语词语内隐记忆的理论模型提供了实证支持。本研究支持"形式聚焦"的观点和行为主义中反复的重要作用，并继承和发展了输入假说。在外语教学方面，本研究呼吁增加来自英语母语者的输入量和培养学生的语音意识，帮助学习构建抽象的、正确的、牢固的外语词语音位表征。最后，笔者指出了本研究的不足，并在研究对象上、研究问题上、研究方法上和实验材料的选取上为未来研究提出建议。

附录

附录一　实验同意书

本人已了解实验目的、实验方法和实验报酬,并确认本实验不会对我的生理或心理造成任何损害。在此基础上,本人同意参加实验,并允许研究者对我的实验结果进行分析并用匿名的方式在论文中进行报告。

此外,本人保证在完成实验后的 10 天内不将实验内容(包括实验材料和实验过程等)和实验感受告诉除研究者的任何人。

被试编号:

姓　　名:

联系方式:

日　　期:

附录二　实验通告

亲爱的各位同学:

　　　　大家好!

欢迎参加本实验。实验的具体内容如下:

1. 实验目的:测量外语听力和口语发音的关系。

2. 实验流程及要求

本实验共分 3 个部分:

第一部分,请认真听取单个播放的英语单词,但不需要做出任何反应。

第二部分,请完成 10 道简单的数学计算题。

第三部分,请认真听取单个播放的英语单词,并在听到单词之后立即准确地跟读。

3. 实验时间:6~8 分钟

请在完全理解实验要求后开始实验。一旦开始,将不可以再提问。谢谢合作。

最后,实验结果将以匿名的方式在论文中进行报告(如:2 号被试…)。除此之外,实验结果不会用于其他任何目的。本实验对人的生理和心理无任何伤害,请以轻松的心情完成实验。

再次感谢各位同学的大力支持。祝学习进步!

附录三　被试基本信息调查问卷

被试编号:

亲爱的各位同学:

大家好!

为保证本实验研究的信度和效度,请配合进行基础信息调查。调查问卷结果将以匿名的方式用于本人论文中,请各位同学根据真实情况放心填写。谢谢各位的合作!

一、填空

1. 性　别:　　　　　　2. 年　龄:　　　　周岁

3. 出生地:　省　市　　4. 家庭现居住地:　省　市

5. 民　族:　　　　　　6. 父亲民族:

7. 母亲民族:　　　　　8. 英语学习年限:　　年

9. 高考语文分数:　分　10. 高考英语分数:　分

二、选择题

请根据提示项目,圈出相应的数字。"1"代表"较差","2"代表"一般","3"代表"良好","4"代表"优秀"。

1. 视力情况	1	2	3	4
2. 汉语总体水平(听、说、读、写)	1	2	3	4
3. 汉语听力水平	1	2	3	4
4. 汉语发音能力	1	2	3	4
5. 汉语朗读能力	1	2	3	4
6. 英语总体水平(听、说、读、写)	1	2	3	4
7. 英语听力水平	1	2	3	4
8. 英语发音能力	1	2	3	4
9. 英语朗读能力	1	2	3	4

三、选择简单题

首先,请圈出适当选项。然后,如果选择"是"的话,请接着在横线上填空。

1. 出生后,你的父母在家里是否跟你讲方言? 如果是,这种方言叫什么?

　　　　　　　是　　　　　　　否

父母跟我讲的方言是_____。

2. 除英语之外,你是否学习过另一种外语(时间长达 2 个月以上)? 如果是,这种外语是什么? 何时开始学习的? 一共学习了多久?

　　　　　　　是　　　　　　　否

我学习过_____(语言)_____(时间)。

3. 除在课堂在外,你是否有机会使用英语? 如果是,你在何种情况下使用英语?

　　　　　　　是　　　　　　　否

我_____的时候使用英语。

4. 你是否观看英文电影或听英文歌曲? 如果是,每周大约几次? 每次大约多长时间?

　　　　　　　是　　　　　　　否

我每周大约看英语电影_____次,每次大约_____分钟。

听英文歌曲＿＿＿＿＿＿次,每次大约＿＿＿＿＿＿分钟。

5. 你是否经常阅读英语期刊、杂志或报纸? 如果是,每周大约几次,每次大约多长时间?

是　　　　　否

我每周大约看英语期刊(或杂志,报纸)＿＿＿＿＿＿次。每次看＿＿＿＿＿＿(分钟)。

6. 你是否去过以英语为母语的国家? 如果是,你去过哪里? 你在那里停留多久?

是　　　　　否

我去过＿＿＿＿＿＿,在那停留大约＿＿＿＿＿＿天。

附录四　实验材料朗读者调查问卷

Questionnaire for the Speakers in the Experiments

Dear speakers,

Thank you very much for recording the words and the article.

In order for future researchers to replicate the present studies, you are kindly required to provide some relevant information by answering the following questions. The questionnaire is totally anonymous and the information pooled will be used in the dissertation only.

[亲爱的朗读者:

感谢您朗读实验词语和短文。

为了使将来的研究者能够复制本实验研究,请您回答以下问题。本调查问卷采取完全匿名的方式。所收集到的信息只用于论文写作,敬请放心。]

A. Personal information [个人信息]

1. Gender [性别]:　　　　　　　2. Age [年龄]:

3. Occupation[职业]:

4. Major as an undergraduate [本科专业]:

5. Major as a Bachelor student[硕士专业]:

B. Please fill in the blanks according to the prompts in the brackets.

[请根据括号中的提示填空]

1. You were born in the _____ (City) _____

 (State) of _____ (Country).

 [你出生在_____（城市）_____（省）_____

 （国家）]

2. Your parents began to speak _____ (language) to you

 when you were born.

 [你出生后父母跟你说_____(语言)。]

3. Do you speak a dialect of English?　　Yes　　No

 If yes，what is the dialect? _____

 [你会说英语的方言吗?　会　　不会　　如果会,这种方言叫

 什么?]

4. Besides your mother tongue，what other language（s）can you

 speak?

 _____

 [除了母语,你会说其他什么语言?] _____

5. 目前为止,你一共学习了多长时间英语? _____

C. Please rate the following aspects of your English pronunciation.

[英语材料朗读者请按照 1 到 5 从低到高的顺序对你的英语发音
的各个方面进行自我评价。汉语材料朗读者请判读你的汉语发音
能力。]

1. Pronunciation[发音]	1	2	3	4	5
2. Clarity [清晰度]	1	2	3	4	5
3. Strength [力度]	1	2	3	4	5
4. Speed [语速]	1	2	3	4	5
5. Loudness [音量]	1	2	3	4	5

附录五 被试英语发音能力测试

请朗读以下段落。

David Ken has a large circle of friends and is very popular at parties. Everybody admires him for his great sense of humor-everybody，that is，except his six-year-old daughter，Jenny. Recently，one of David's closest friends asked him to make a speech at a wedding reception. This is the sort of thing that Jeremy loves. He prepared the speech carefully and went to the wedding with Jenny. He had included a large number of funny stories in the speech and，of course，it was a great success. As soon as he had finished，Jenny told him she wanted to go home. David was a little disappointed by this but he did as his daughter asked. On the way home，he asked Jenny if she had enjoyed the speech. To his surprise，she said she hadn't. David asked her why this was so and she told him that she did not like to see so many people laughing at him!

Adapted from Lesson 63，*New Concept English*，Book 2（Alexander & He，2011）

附录六 被试口语能力评分表

受试编号	发音[1]（2.5分）	重音[2]（2.5分）	语速[3]（2.5分）	正确性[4]（2.5分）	总分（10分）
1	2	2.25	2.5	2.5	9.25
2	2.5	2	2.5	2.5	9.25
3	1.5	1.5	2	1.75	6.75
4	2.25	2.25	2.5	2	9.00

受试编号	发音[1] (2.5分)	重音[2] (2.5分)	语速[3] (2.5分)	正确性[4] (2.5分)	总分 (10分)
5	2.25	2.25	2.5	2.25	9.25
6	2	2	2.5	2	8.50
7	2.5	2.25	2.5	2.25	9.50
8	2	2	2.25	1.5	7.75
9	1.75	2	2.25	2	8.00
10	2.25	1.75	2	2.25	8.25
11	1.5	2	2.25	2	7.75
12	2.25	2.5	2.25	2	9.00
13	2	1.5	2	2.25	7.75
14	2.25	2.25	2.5	2.25	9.25
15	2	2.25	2.5	2	8.75
16	2	2.25	2.25	1.75	8.25
17	1.5	1.75	2	2	7.25
18	1.75	1.5	2.25	2	7.50
19	2.25	2	2	2.25	8.50
20	1.75	1.25	2	2	7.00
21	1.75	2	2.25	1.5	7.50
22	2	1.75	2.25	2.25	8.25
23	1.5	1.75	2.5	2	7.75
24	1.5	1.5	2	1.75	6.75
25	2.25	2	2.5	1.75	8.50
26	2	2	2.25	1.75	8.00
27	2	2.25	2.5	1.75	8.50
28	2	2	2.5	2.5	9.00
29	1.75	1.5	2.25	2.25	7.75
30	2	2.25	2.25	2	8.50
31	1.75	2	2	2	7.75
32	2.25	2	2	1.75	8.00

续 表

受试编号	发音[1] (2.5分)	重音[2] (2.5分)	语速[3] (2.5分)	正确性[4] (2.5分)	总分 (10分)
33	1.75	1.5	2.25	1.75	7.25
34	2.25	2.25	2.25	2	8.75
35	2	1.75	2	1.75	7.50
36	1.75	2	2.5	2.25	9.00
37	2.25	2.5	2	2.5	9.25
38	2.25	2.5	2.5	2.25	9.50
39	2.25	2.25	2.5	2.25	9.25
40	2	2.5	2.25	2.25	9.00
41	2.25	2.25	2.5	2.25	9.25
42	2	2.25	2.25	2.5	9.00
43	2	2	2.5	2	8.50
44	2.25	2.5	2.5	2.25	9.50
45	1.75	1.75	2	1.75	7.25
46	2	2.25	2.5	1.75	8.50
47	2	2.25	2.5	2	8.75
48	2.25	2	2.5	2.25	9.00
49	2	2.25	2	1.75	8.00
50	2	2	2	2.25	8.25
51	2.25	2.25	2.25	1.75	8.50
52	2	1.75	2	2	7.75
53	2.25	2	2	1.75	8.00
54	1.75	2.25	2.25	2.25	8.50
55	2.25	1.75	2	1.75	7.75
56	2.25	2.25	2.25	2.5	9.25
57	1.75	2	1.75	1.75	7.25
58	2	2.25	2.25	2	8.50
59	2.25	1.75	2	2	8.00
60	1.75	2.25	2.25	1.75	8.00

受试编号	发音[1] （2.5分）	重音[2] （2.5分）	语速[3] （2.5分）	正确性[4] （2.5分）	总分 （10分）
61	1.75	2	2	1.75	7.50
62	2	2.25	2	2	8.25
63	2.25	2.25	2	2	8.50
64	2	2	2.25	2	8.25
65	2.25	2.25	2.25	2	8.75
66	2.25	2	2	1.75	8.00
67	2	1.75	2.25	2.25	8.25
68	1.75	2.25	2	2	8.00
69	2	2	2.25	2	8.25
70	2.25	2.25	2.25	1.75	8.50
71	1.75	2.25	2.25	2.25	8.50
72	1.75	2	2	2	7.75
73	1.75	2	2.25	2	8.00
74	2	2.25	2.5	1.75	8.50
75	2	2	2	1.75	7.75
76	2	2.25	2.5	2.5	9.25
77	1.75	2	2	1.5	7.25
78	2.25	2	2.25	2	8.50
79	2.25	1.5	2.25	2	8.00
80	2	2.25	2	1.75	8.00
81	2	1.75	2	1.75	7.50
82	2.25	1.75	2	2.25	8.25
83	2.25	2.25	2.25	1.75	8.50
84	1.75	2	2.25	2.25	8.25
85	2	2.25	2.25	2.25	8.75
86	1.75	2.25	2	2	8.00
87	2	2	2.25	2	8.25
88	1.75	2	2	2.25	8.00

受试 编号	发音[1] (2.5 分)	重音[2] (2.5 分)	语速[3] (2.5 分)	正确性[4] (2.5 分)	总分 (10 分)
89	2	1.75	2.25	2.25	8.25
90	2	2.25	2.25	2	8.50

注：1. 发音错误是指如将长元音发成短元音或未将"th"发成齿间摩擦音等情况。

2. 重音错误是指将词语重音读错，或将不该重读的虚词重读。

3. 语速是以每秒 2.7 个词为宜，过快或过慢均扣分。

4. 正确性是指词语朗读的正确性，如未用其他词语替代目标词语。

5. 以上四项目满分各为 2.5 分。每错一处，扣 0.25 分。

附录七　实验一　实验材料

一、重复词语

1. 爱情	2. 按键	3. 把握	4. 冰山	5. 材料
6. 查看	7. 东方	8. 等待	9. 防火	10. 丰收
11. 鼓掌	12. 国外	13. 红旗	14. 花生	15. 吉林
16. 减肥	17. 科学	18. 空气	19. 浪漫	20. 雷锋
21. 美好	22. 密码	23. 南方	24. 年轻	25. 派遣
26. 跑步	27. 奇迹	28. 签名	29. 栽树	30. 装修

二、未重复词语

1. 遨游	2. 安排	3. 白菜	4. 部队	5. 操心
6. 从小	7. 大桥	8. 度假	9. 发光	10. 辅导
11. 公司	12. 感动	13. 好像	14. 合唱	15. 警察
16. 捐款	17. 开车	18. 夸张	19. 来回	20. 联系
21. 漫画	22. 命令	23. 牛奶	24. 农田	25. 培训
26. 批评	27. 亲人	28. 取暖	29. 月亮	30. 运气

附录八　实验一　汉语词语特征表

一、重复词语特征表

编　号	词　语	拼　音	词性(数量)	录音时长(s)
1	爱情	ài qíng	名词(1)	2
2	按键	àn jiàn	名词(2)	2
3	把握	bǎ wò	动词(1)	2
4	冰山	bīng shān	名词(3)	2
5	材料	cái liào	名词(4)	2
6	查看	chá kàn	动词(5)	2
7	东方	dōng fāng	名词(6)	2
8	等待	děng dài	动词(2)	2
9	防火	fáng huǒ	名词(7)	2
10	丰收	fēng shōu	名词(8)	2
11	鼓掌	gǔ zhǎng	动词(3)	2
12	国外	guó wài	名词(9)	2
13	红旗	hóng qí	名词(10)	2
14	花生	huā shēng	名词(11)	2
15	吉林	jí lín	名词(12)	2
16	减肥	jiǎn féi	动词(4)	2
17	科学	kē xué	名词(13)	2
18	空气	kōng qì	名词(14)	2
19	浪漫	làng màn	形容词(1)	2
20	雷锋	léi fēng	名词(15)	2
21	美好	měi hǎo	形容词(2)	2
22	密码	mì mǎ	名词(16)	2
23	南方	nán fāng	名词(17)	2
24	年轻	nián qīng	形容词(3)	2
25	派遣	pài qiǎn	动词(5)	2
26	跑步	pǎo bù	动词(6)	2

续　表

编　号	词　语	拼　音	词性(数量)	录音时长(s)
27	奇迹	qí jì	名词(18)	2
28	签名	qiān míng	动词(7)	2
29	栽树	zāi shù	动词(8)	2
30	装修	zhuāng xiū	动词(9)	2

二、未重复词语特征表

编　号	词　语	拼　音	词性(数量)	录音时长(s)
1	遨游	áo yóu	动词(1)	2
2	安排	ān pái	动词(2)	2
3	白菜	bái cài	名词(1)	2
4	部队	bù duì	名词(2)	2
5	操心	cāo xīn	动词(3)	2
6	从小	cóng xiǎo	副词(1)	2
7	大桥	dà qiáo	名词(3)	2
8	度假	dù jià	名词(4)	2
9	发光	fā guāng	动词(4)	2
10	辅导	fǔ dǎo	名词(5)	2
11	公司	gōng sī	名词(6)	2
12	感动	gǎn dòng	动词(5)	2
13	好像	hǎo xiàng	副词(2)	2
14	合唱	hé chàng	名词(7)	2
15	警察	jǐng chá	名词(8)	2
16	捐款	juān kuǎn	动词(6)	2
17	开车	kāi chē	动词(7)	2
18	夸张	kuā zhāng	动词(8)	2
19	来回	lái huí	动词(9)	2
20	联系	lián xì	名词(9)	2

编　号	词　语	拼　音	词性(数量)	录音时长(s)
21	漫画	màn huà	名词(10)	2
22	命令	mìng lìng	名词(11)	2
23	牛奶	niú nǎi	名词(12)	2
24	农田	nóng tián	名词(13)	2
25	培训	péi xùn	名词(14)	2
26	批评	pī píng	名词(15)	2
27	亲人	qīn rén	名词(16)	2
28	取暖	qǔ nuǎn	动词(10)	2
29	月亮	yuè liàng	名词(17)	2
30	运气	yùn qì	名词(18)	2

注：1. 以黑体标记的拼音为卷舌音。

　　2. 词语词性的标注以其常见用法为依据。

　　3. 词性后"(　)"中的数字表示该词性在表中同类词性中的顺序，后同。

附录九　实验二　实验材料

一、重复词语

1. action	2. answer	3. effect	4. enter
5. friend	6. figure	7. free	8. general
9. history	10. horse	11. idea	12. indeed
13. industry	14. least	15. letter	16. matter
17. measure	18. necessary	19. nothing	20. offer
21. opinion	22. receive	23. reason	24. second
25. service	26. understand	27. various	28. while
29. whole	30. young		

二、未重复词语

1. appear	2. army	3. either	4. ever

5. enough	6. family	7. force	8. foreign
9. help	10. human	11. interest	12. important
13. learn	14. lady	15. low	16. member
17. moment	18. nature	19. north	20. office
21. open	22. report	23. result	24. return
25. several	26. something	27. voice	28. water
29. woman	30. yet		

附录十　实验二　实验材料特征表

一、重复词语特征表

编号	词　语	词性（数量）	音节数量	词　频	朗读者国籍	录音时长（s）
1	action	N(1)	2	66 362	中国	2
2	answer	V(1)	2	69 301	美国	2
3	effect	N(2)	2	66 151	中国	2
4	enter	V(2)	2	21 576	美国	2
5	friend	N(3)	1	72 290	中国	2
6	figure	N(4)	2	82 068	美国	2
7	free	Adj. (1)	1	101 058	中国	2
8	general	Adj. (2)	3	119 554	美国	2
9	history	N(5)	2	127 035	中国	2
10	horse	N(6)	1	22 105	美国	2
11	idea	N(7)	2	101 258	中国	2
12	indeed	Adv. (1)	2	51 222	美国	2
13	industry	N(8)	3	69 241	中国	2
14	least	Adj. (3)	1	146 785	美国	2
15	letter	N(9)	2	39 180	中国	2
16	matter	N(10)	2	93 018	美国	2

编号	词 语	词性 （数量）	音节 数量	词 频	朗读者 国籍	录音 时长（s）
17	measure	V（3）	2	34 107	中国	2
18	necessary	Adj.（4）	4	46 225	美国	2
19	nothing	Pron.（1）	2	143 756	中国	2
20	offer	V（4）	2	52 720	美国	2
21	opinion	N（11）	3	28 953	中国	2
22	receive	V（5）	2	26 412	美国	2
23	reason	N（12）	2	83 853	中国	2
24	second	Num.（1）	2	157 730	美国	2
25	service	N（13）	2	97 302	中国	2
26	understand	V（6）	3	95 625	美国	2
27	various	Adj.（5）	2	52 294	中国	2
28	while	N（14）	1	302 364	美国	2
29	whole	N（15）	1	112 390	中国	2
30	young	Adj.（6）	1	160 290	美国	2

二、未重复词语特征表

编号	词 语	词性 （数量）	音节 数量	词 频	朗读者 国籍	录音 时长（s）
1	appear	V（1）	2	36 739	中国	2
2	army	N（1）	2	53 255	美国	2
3	either	Pron.（1）	2	95 678	中国	2
4	ever	Adv.（1）	2	155 182	美国	2
5	enough	Adj.（1）	2	173 025	中国	2
6	family	N（2）	3	220 269	美国	2
7	force	N（3）	2	80 504	中国	2
8	foreign	Adj.（2）	2	64 578	美国	2
9	help	V（2）	1	202 334	中国	2

续　表

编号	词　语	词性 （数量）	音节 数量	词　频	朗读者 国籍	录音 时长（s）
10	human	N(4)	2	123 497	美国	2
11	interest	N(5)	2	76 059	中国	2
12	important	Adj. (3)	2	164 278	美国	2
13	learn	V(3)	2	60 419	中国	2
14	lady	N(6)	2	30 903	美国	2
15	low	Adj. (4)	1	74 069	中国	2
16	member	N(7)	2	50 858	美国	2
17	moment	N(8)	2	103 574	中国	2
18	nature	N(9)	2	65 638	美国	2
19	north	N(10)	1	98 708	中国	2
20	office	N(11)	2	115 426	美国	2
21	open	N(12)	2	130 211	中国	2
22	report	V(4)	2	83 391	美国	2
23	result	N(13)	2	68 773	中国	2
24	return	V(5)	2	64 875	美国	2
25	several	Adj. (5)	3	139 693	中国	2
26	something	Pron. (2)	2	294 080	美国	2
27	voice	N(14)	1	90 311	中国	2
28	water	N(15)	2	183 044	美国	2
29	woman	N(16)	2	162 766	中国	2
30	yet	Adv. (2)	1	154 698	美国	2

附录十一　实验二　目标词语熟悉度问卷

被试编号：

请把英语词语翻译成汉语，并根据自身情况，圈出自己对各词语的熟悉

程度。其中,"5"="非常熟悉","4"="较熟悉","3"="一般熟悉","2"=
"不太熟悉","1"="完全不熟悉"。

编 号	英语词语	汉 语 意 思	词语熟悉度
1	action		1　2　3　4　5
2	answer		1　2　3　4　5
3	effect		1　2　3　4　5
4	enter		1　2　3　4　5
5	friend		1　2　3　4　5
6	figure		1　2　3　4　5
7	free		1　2　3　4　5
8	general		1　2　3　4　5
9	history		1　2　3　4　5
10	horse		1　2　3　4　5
11	idea		1　2　3　4　5
12	indeed		1　2　3　4　5
13	industry		1　2　3　4　5
14	least		1　2　3　4　5
15	letter		1　2　3　4　5
16	matter		1　2　3　4　5
17	measure		1　2　3　4　5
18	necessary		1　2　3　4　5
19	nothing		1　2　3　4　5
20	offer		1　2　3　4　5
21	opinion		1　2　3　4　5
22	receive		1　2　3　4　5
23	reason		1　2　3　4　5
24	second		1　2　3　4　5
25	service		1　2　3　4　5
26	understand		1　2　3　4　5
27	various		1　2　3　4　5

续　表

编　号	英语词语	汉 语 意 思	词语熟悉度
28	while		1　2　3　4　5
29	whole		1　2　3　4　5
30	young		1　2　3　4　5
31	appear		1　2　3　4　5
32	army		1　2　3　4　5
33	either		1　2　3　4　5
34	ever		1　2　3　4　5
35	enough		1　2　3　4　5
36	family		1　2　3　4　5
37	force		1　2　3　4　5
38	foreign		1　2　3　4　5
39	help		1　2　3　4　5
40	human		1　2　3　4　5
41	interest		1　2　3　4　5
42	important		1　2　3　4　5
43	learn		1　2　3　4　5
44	lady		1　2　3　4　5
45	low		1　2　3　4　5
46	member		1　2　3　4　5
47	moment		1　2　3　4　5
48	nature		1　2　3　4　5
49	north		1　2　3　4　5
50	office		1　2　3　4　5
51	open		1　2　3　4　5
52	report		1　2　3　4　5
53	result		1　2　3　4　5
54	return		1　2　3　4　5
55	several		1　2　3　4　5
56	something		1　2　3　4　5

编 号	英语词语	汉 语 意 思	词语熟悉度
57	voice		1 2 3 4 5
58	water		1 2 3 4 5
59	woman		1 2 3 4 5
60	yet		1 2 3 4 5

附录十二　实验三　实验材料

一、重复词语

1. abroad	2. advice	3. afraid	4. again
5. agreement	6. almost	7. manager	8. many
9. matter	10. mistake	11. officer	12. often
13. pattern	14. become	15. belong	16. properly
17. provide	18. random	19. corner	20. country
21. demand	22. dirty	23. discover	24. effort
25. even	26. expensive	27. factory	28. failure
29. finger	30. supper	31. today	32. together
33. government	34. happy	35. healthy	36. hungry

二、未重复词语

1. husband	2. improve	3. income	4. judgment
5. laughter	6. magic	7. alone	8. already
9. answer	10. area	11. attitude	12. average
13. avoid	14. pencil	15. people	16. building
17. ceiling	18. city	19. ready	20. remain
21. remember	22. review	23. seldom	24. severe
25. sister	26. stomach	27. story	28. suddenly
29. summary	30. follow	31. foreign	32. forgive

33. unique   34. water   35. welcome   36. wonderful

附录十三　实验三　目标词语特征表

一、重复词语特征表

编　号	词　语	词　性	音节数量	词　频	录音时长（s）
1	abroad	Adv. (1)	2	10 115	2
2	advice	N(1)	2	25 794	2
3	afraid	Adj. (1)	2	31 106	2
4	again	Adv. (2)	2	236 116	2
5	agreement	N(2)	3	34 740	2
6	almost	Adv. (3)	2	144 794	2
7	manager	N(3)	3	36 097	2
8	many	Pron. (1)	2	436 761	2
9	matter	V(2)	2	93 018	2
10	mistake	N(4)	2	19 911	2
11	officer	N(5)	3	36 869	2
12	often	Adv. (4)	2	159 797	2
13	pattern	N(6)	2	23 70	2
14	become	V(2)	2	140 745	2
15	belong	V(3)	2	8 933	2
16	properly	Adv. (5)	3	12 236	2
17	provide	V(3)	2	79 672	2
18	random	Adj. (2)	2	10 584	2
19	corner	N(7)	2	33 079	2
20	country	N(8)	2	191 741	2
21	demand	N(9)	2	28 402	2
22	dirty	Adj. (3)	2	12 975	2
23	discover	V(4)	3	11 654	2

编　号	词　语	词　性	音节数量	词　频	录音时长（s）
24	effort	N(10)	2	52 651	2
25	even	Adv. (6)	2	506 360	2
26	expensive	Adj. (4)	3	25 004	2
27	factory	N(11)	3	12 649	2
28	failure	N(12)	3	27 241	2
29	finger	N(13)	2	18 260	2
30	supper	N(14)	2	4 654	2
31	today	Adv. (7)	2	211 099	2
32	together	Adv. (8)	3	137 429	2
33	government	N(15)	3	201 112	2
34	happy	Adj. (5)	2	55 438	2
35	healthy	Adj. (6)	2	27 360	2
36	hungry	Adj. (7)	2	10 848	2

二、未重复词语特征表

编　号	词　语	词　性	音节数量	词　频	录音时长（s）
1	husband	N(1)	2	63 888	2
2	improve	V(1)	2	28 413	2
3	income	N(2)	2	35 829	2
4	judgment	N(3)	2	16 139	2
5	laughter	N(4)	2	13 270	2
6	magic	N(5)	2	18 214	2
7	alone	Adj. (1)	2	68 468	2
8	already	Adv. (1)	3	131 973	2
9	answer	N(6)	2	69 301	2
10	area	N(7)	3	119 347	2

编　号	词　语	词　性	音节数量	词　频	录音时长（s）
11	attitude	N(8)	3	20 748	2
12	average	Adj. (2)	3	58 255	2
13	avoid	V(1)	2	35 191	2
14	pencil	N(9)	2	5 230	2
15	people	N(10)	2	786 082	2
16	building	N(11)	2	83 455	2
17	ceiling	N(12)	2	12 925	2
18	city	N(13)	2	200 770	2
19	ready	Adj. (3)	2	60 770	2
20	remain	V(2)	2	37 993	2
21	remember	V(3)	3	86 945	2
22	review	V(4)	2	37 099	2
23	seldom	Adv. (2)	2	5 478	2
24	severe	Adj. (4)	2	16 952	2
25	sister	N(14)	2	41 456	2
26	stomach	N(15)	2	14 746	2
27	story	N(16)	2	138 211	2
28	suddenly	Adv. (3)	3	48 032	2
29	summary	N(17)	3	8 979	2
30	favorite	Adj. (5)	3	36 349	2
31	foreign	Adj. (6)	2	64 578	2
32	forgive	V(5)	2	6 486	2
33	unique	Adj. (7)	2	24 735	2
34	water	N(18)	2	183 044	2
35	yellow	Adj. (8)	2	27 006	2
36	wonderful	Adj. (9)	3	30 411	2

附录十四　实验三　目标词语熟悉度问卷

被试编号：

请把英语词语翻译成汉语。并根据自身情况，圈出自己对各词语的熟悉程度。其中"1"代表"非常熟悉"，"2"代表"较熟悉"，"3"代表"一般熟悉"，"4"代表"不太熟悉"，"5"代表"完全不熟悉"。

编　号	英语词语	汉 语 意 思	词汇熟悉度
1	abroad		1　2　3　4　5
2	advice		1　2　3　4　5
3	afraid		1　2　3　4　5
4	again		1　2　3　4　5
5	agreement		1　2　3　4　5
6	almost		1　2　3　4　5
7	manager		1　2　3　4　5
8	many		1　2　3　4　5
9	matter		1　2　3　4　5
10	mistake		1　2　3　4　5
11	officer		1　2　3　4　5
12	often		1　2　3　4　5
13	pattern		1　2　3　4　5
14	become		1　2　3　4　5
15	belong		1　2　3　4　5
16	properly		1　2　3　4　5
17	provide		1　2　3　4　5
18	random		1　2　3　4　5
19	corner		1　2　3　4　5
20	country		1　2　3　4　5
21	demand		1　2　3　4　5
22	dirty		1　2　3　4　5

编　号	英语词语	汉 语 意 思	词汇熟悉度
23	discover		1　2　3　4　5
24	effort		1　2　3　4　5
25	even		1　2　3　4　5
26	expensive		1　2　3　4　5
27	factory		1　2　3　4　5
28	failure		1　2　3　4　5
29	finger		1　2　3　4　5
30	supper		1　2　3　4　5
31	today		1　2　3　4　5
32	together		1　2　3　4　5
33	government		1　2　3　4　5
34	happy		1　2　3　4　5
35	healthy		1　2　3　4　5
36	hungry		1　2　3　4　5
37	husband		1　2　3　4　5
38	improve		1　2　3　4　5
39	income		1　2　3　4　5
40	judgment		1　2　3　4　5
41	laughter		1　2　3　4　5
42	magic		1　2　3　4　5
43	alone		1　2　3　4　5
44	already		1　2　3　4　5
45	answer		1　2　3　4　5
46	area		1　2　3　4　5
47	attitude		1　2　3　4　5
48	average		1　2　3　4　5
49	avoid		1　2　3　4　5
50	pencil		1　2　3　4　5
51	people		1　2　3　4　5

编　号	英语词语	汉 语 意 思	词汇熟悉度
52	building		1　2　3　4　5
53	ceiling		1　2　3　4　5
54	city		1　2　3　4　5
55	ready		1　2　3　4　5
56	remain		1　2　3　4　5
57	remember		1　2　3　4　5
58	review		1　2　3　4　5
59	seldom		1　2　3　4　5
60	severe		1　2　3　4　5
61	sister		1　2　3　4　5
62	stomach		1　2　3　4　5
63	story		1　2　3　4　5
64	suddenly		1　2　3　4　5
65	summary		1　2　3　4　5
66	favorite		1　2　3　4　5
67	foreign		1　2　3　4　5
68	forgive		1　2　3　4　5
69	unique		1　2　3　4　5
70	water		1　2　3　4　5
71	yellow		1　2　3　4　5
72	wonderful		1　2　3　4　5

附录十五　实验三　词语听取确认表

被试编号：

请在听到每个单词后，按顺序在单词后面的方框中打"√"。

Word Number	听取情况	Word Number	听取情况
1		19	
2		20	
3		21	
4		22	
5		23	
6		24	
7		25	
8		26	
9		27	
10		28	
11		29	
12		30	
13		31	
14		32	
15		33	
16		34	
17		35	
18		36	

附录十六 实验三 词语音节数量判断表

被试编号：

请判断你所听到的单词具有几个音节：

例：如果你听到"cooker"，请圈出后面的"2"，表示该词有两个音节。

Word Number	音节数量			Word Number	音节数量		
1	1	2	3	19	1	2	3
2	1	2	3	20	1	2	3
3	1	2	3	21	1	2	3
4	1	2	3	22	1	2	3
5	1	2	3	23	1	2	3
6	1	2	3	24	1	2	3
7	1	2	3	25	1	2	3
8	1	2	3	26	1	2	3
9	1	2	3	27	1	2	3
10	1	2	3	28	1	2	3
11	1	2	3	29	1	2	3
12	1	2	3	30	1	2	3
13	1	2	3	31	1	2	3
14	1	2	3	32	1	2	3
15	1	2	3	33	1	2	3
16	1	2	3	34	1	2	3
17	1	2	3	35	1	2	3
18	1	2	3	36	1	2	3

附录十七　实验三　词语意义判断表

被试编号：

请判断你所听到的单词是褒义词、中性词还是贬义词！请在相应的空格中打"√"。

例：当你听到"unhealthy"（不健康的）时，请判断它是褒义词、中性词还是贬义词，并圈出相应的数字。

Word Number	词语意义 1=褒义 2=中性 3=贬义			Word Number	词语意义 1=褒义 2=中性 3=贬义		
1	1	2	3	19	1	2	3
2	1	2	3	20	1	2	3
3	1	2	3	21	1	2	3
4	1	2	3	22	1	2	3
5	1	2	3	23	1	2	3
6	1	2	3	24	1	2	3
7	1	2	3	25	1	2	3
8	1	2	3	26	1	2	3
9	1	2	3	27	1	2	3
10	1	2	3	28	1	2	3
11	1	2	3	29	1	2	3
12	1	2	3	30	1	2	3
13	1	2	3	31	1	2	3
14	1	2	3	32	1	2	3
15	1	2	3	33	1	2	3
16	1	2	3	34	1	2	3
17	1	2	3	35	1	2	3
18	1	2	3	36	1	2	3

附录十八　实验四　英语短文

［复 1］Note-taking is a **complex (1)** activity which requires a high level of ability in many separate skills. ［简 1］Today I'm going to **analyze (2)** the four most important of these skills.

［复 2］Firstly，the student has to understand what the lecturer says as he says it. ［简 2］The student cannot stop the lecture in order to look up a new word or **check (3)** an unfamiliar sentence pattern. ［简 3］This puts the non-native speaker of English under a particularly severe strain. ［复 3］ Often—as we've already seen in a **previous (4)** lecture—he may not be able to recognize words in speech which he understands straight away in print. ［复 4］He'll also meet words in a lecture which are completely new to him. ［复 5］While he should, of course, try to develop the **ability (5)** to infer their meaning from the **context (6)**，he won't always be able to do this successfully. ［简 4］He must not allow failure of this kind to **discourage (7)** him. ［复 6］However，it's often possible to understand much of a lecture by concentrating **solely (8)** on those points which are most important. ［复 7］But how does the student decide what's important? ［复 8］This is in itself **another (9)** skill he must try to develop. ［复 9］It is, in fact, the **second (10)** of the four skills I want to talk about today.

［简 5］Probably the most important piece of information in a lecture is the title itself. ［复 10］If this is printed（or referred to）beforehand the student should study it **carefully (11)** and make sure he's in no doubt about its meaning. ［复 11］Whatever happens he should make sure that he writes it down accurately and completely. ［复 12］A title often implies many of the **major (12)** points that will later be covered in the lecture itself. ［复 13］It should help the student therefore to decide what the main point of the lecture will be.

［复 14］A good lecturer, of course, often signals what's important or unimportant. ［简 6］He may give direct signals or indirect signals. ［复 15］ Many lecturers, for example, explicitly tell their audience that a point is important and that the student should write it down. ［复 16］ Unfortunately，the lecturer who's trying to **establish（13）** a friendly relationship with his audience is likely on these occasions to employ a colloquial style. ［并 1］He might say such things as 'This is, of course, the crunch' or 'Perhaps you'd like to get it down'. ［复 17］Although this will help the student who's a native English-speaker，it may very well **cause (14)** difficulty for the non-native English speaker. ［简 7］He'll therefore ave to make a big **effort (15)** to get used to the various styles of his lecturers.

〔复 18〕It's worth remembering that most lecturers also give indirect signals to indicate what's important. 〔复 19〕They either pause or speak slowly or speak loudly or use a greater range of intonation, or they employ a **combination (16)** of these devices, when they say something important. 〔复 20〕Conversely, their sentences are delivered quickly, softly, within a **narrow (17)** range of intonation and with short or infrequent pauses when they are saying something which is incidental. 〔简 8〕It is, of course, helpful for the student to be aware of this and for him to focus his attention accordingly.

〔并 2〕Having sorted out the main points, however, the student still has to write them down. 〔简 9〕And he has to do this quickly and **clearly (18)**. 〔复 21〕This is, in fact, the third basic skill he must learn to develop. 〔简 10〕In order to write at speed most students find it helps to abbreviate. 〔复 22〕They also try to select only those words which give **maximum (19)** information. 〔简 11〕These are usually nouns, but sometimes verbs or adjectives. 〔复 23〕Writing only one point on each line also helps the student to understand his notes when he comes to read them later. 〔简 12〕An important difficulty is, of course, finding time to write the notes. 〔复 24〕If the student chooses the **wrong (20)** moment to write he may miss a point of greater importance. 〔简 13〕Connecting words or connectives may guide him to a **correct (21)** choice here. 〔复 25〕Those connectives which indicate that the **argument (22)** is proceeding in the same **direction (23)** also tell the listener that it's safe time to write 'Moreover', 'furthermore', 'also', etc., are examples of this. 〔复 26〕Connectives such as 'however', 'on the other hand' or 'nevertheless' usually mean that new and perhaps **unexpected (24)** information is going to **follow (25)**. 〔简 14〕Therefore, it may, on these occasions, be more appropriate to listen.

［复 27］The fourth skill that the student must develop is one that is **requently (26)** neglected. ［复 28］He must learn to show the connections between the various points he's noted. ［简 15］This can often be done more effectively by a visual presentation than by a lengthy **statement（27）** in words. ［简 16］Thus the use of spacing，underlining，and of conventional symbols plays an important part in **efficient（28）** note-taking. ［复 29］Points should be numbered，too，wherever **possible（29）**. ［简 17］In this way the student can see at a **glance（30）** the framework of the lecture.

注：1. **黑体**词语为所选目标词语。"（ ）"中的数字是指其在文章中出现的顺序。
　　2. "［ ］"中的"简""并"和"复"分别是指"［ ］"后面的句子为简单句、并列句和复合句。"［ ］"中的数字是指该类型的句子在文章中出现的顺序。

附录十九　实验四　目标词语

一、重复词语

1. complex	2. analyze	3. check	4. previous
5. ability	6. context	7. discourage	8. solely
9. another	10. second	11. carefully	12. major
13. establish	14. cause	15. effort	16. combination
17. narrow	18. clearly	19. maximum	20. wrong
21. correct	22. argument	23. direction	24. unexpected
25. follow	26. frequently	27. statement	28. efficient
29. possible	30. glance		

二、未重复词语

1. captain	2. absolute	3. chain	4. profession
5. accident	6. clever	7. delivery	8. scientist
9. admission	10. serious	11. collection	12. market
13. election	14. coast	15. employ	16. committee
17. neighbor	18. common	19. manager	20. welcome
21. complete	22. advantage	23. dependence	24. university

25. favor　　26. fashionable　27. silence　　28. encourage

29. pronounce　30. ground

注：以上词语按其在短文中出现的顺序排列。

附录二十　实验一和实验四　英语词语特征表

一、重复词语特征表

编　号	词　语	词性（数量）	音节数量	词频（COCA）	录音时长（s）
1	complex	Adj. (1)	2	36 952	2
2	analyze	V(1)	3	6 294	2
3	check	V(2)	1	45 260	2
4	previous	Adj. (2)	2	36 275	2
5	ability	N(1)	4	51 781	2
6	context	N(2)	2	28 851	2
7	discourage	V(3)	3	2 943	2
8	solely	Adj. (3)	2	6 174	2
9	another	Pron. (1)	3	291 083	2
10	second	Num. (1)	2	158 224	2
11	carefully	Adv. (1)	3	25 838	2
12	major	Adj. (4)	2	108 368	2
13	establish	V(4)	3	16 394	2
14	cause	V(5)	1	57 594	2
15	effort	N(3)	2	52 614	2
16	combination	N(4)	4	19 109	2
17	narrow	Adj. (5)	2	19 313	2
18	clearly	Adv. (2)	2	51 597	2
19	maximum	Adj. (6)	3	11 943	2
20	wrong	Adj. (7)	1	76 723	2
21	correct	Adj. (8)	2	29 012	2

编　号	词　语	词性(数量)	音节数量	词频(COCA)	录音时长(s)
22	argument	N(5)	3	25 757	2
23	direction	N(6)	3	34 734	2
24	unexpected	Adj.(9)	4	9 271	2
25	follow	V(6)	2	40 748	2
26	frequently	Adv.(3)	3	22 894	2
27	statement	N(7)	2	32 570	2
28	efficient	Adj.(10)	3	12 035	2
29	possible	Adj.(11)	3	97 108	2
30	glance	V(7)	1	9 465	2

二、未重复词语特征表

编　号	词　语	词性(数量)	音节数量	频率(COCA)	录音时长(s)
1	captain	N(1)	2	20 461	2
2	absolute	Adj.(1)	3	10 770	2
3	chain	N(2)	1	17 165	2
4	profession	N(3)	3	11 128	2
5	accident	N(4)	3	18 635	2
6	clever	Adj.(2)	2	5 565	2
7	delivery	N(5)	4	11 830	2
8	scientist	N(6)	2	10 439	2
9	admission	N(6)	3	8 561	2
10	serious	Adj.(3)	2	57 344	2
11	collection	N(7)	3	37 645	2
12	market	N(8)	2	97 013	2
13	election	N(9)	3	40 524	2
14	coast	N(10)	1	29 795	2
15	employ	V(1)	2	5 111	2

续　表

编　号	词　语	词性（数量）	音节数量	频率（COCA）	录音时长（s）
16	committee	N(11)	3	53 179	2
17	neighbor	N(12)	2	11 370	2
18	common	Adj. (4)	1	69 009	2
19	manager	N(13)	3	36 228	2
20	welcome	Adj. (5)	2	35 067	2
21	complete	V(2)	2	41 802	2
22	advantage	N(14)	3	26 485	2
23	dependence	N(15)	3	4 627	2
24	university	N(16)	5	146 037	2
25	favor	N(17)	2	22 810	2
26	fashionable	Adj. (6)	4	2 666	2
27	silence	N(18)	2	24 776	2
28	encourage	V(3)	3	17 140	2
29	pronounce	V(4)	2	1 229	2
30	ground	N(19)	1	79 206	2

附录二十一　实验四英语短文难易度及目标词语熟悉度调查表

被试编号：

亲爱的各位同学：

　　　　大家好！

　　为完成实验研究，请同学们认真阅读下列短文，并用 20 分钟时间完成以下三个任务：

1. 请圈出你不会的单词（意思不懂的单词）。

2. 请在黑体词语后面的横线上写出词语的汉语意思。

3. 请在读完短文后，对短文的难易度进行评价。

本问卷采取不记名方式，且对完成情况不进行计分、排名。

Note-taking is a **complex (1)** _____ activity which requires a high level of ability in many separate skills. Today I'm going to **analyze (2)** _____ the four most important of these skills. Firstly，the student has to understand what the lecturer says as he says it. The student cannot stop the lecture in order to look up a new word or **check (3)** _____ an unfamiliar sentence pattern. This puts the non-native speaker of English under a particularly severe strain. Often as we've already seen in a **previous (4)** _____ lecture，he may not be able to recognize words in speech which he understands straight away in print. He'll also meet words in a lecture which are completely new to him. While he should，of course，try to develop the **ability (5)** _____ _____ to infer their meaning from the **context (6)** _____，he won't always be able to do this successfully. He must not allow failure of this kind to **discourage (7)** _____ him however. It's often possible to understand much of a lecture by concentrating **solely (8)** _____ on those points which are most important. But how does the student decide what's important? This is in itself **another (9)** _____ skill he must try to develop. It is，in fact，the **second (10)** _____ of the four skills I want to talk about today.

Probably the most important piece of information in a lecture is the title itself. If this is printed (or referred to) beforehand the student should study it **carefully (11)** _____ and make sure he's in no doubt about its meaning. Whatever happens he should make sure that he writes it down accurately and completely. A title often implies many of the **major (12)** _____ points that will later be covered in the lecture itself. It should help the student therefore to decide what the main point of the lecture will be. 　A good lecturer，of course，often signals what's important or unimportant. He may give direct signals or indirect signals.

Many lecturers, for example, explicitly tell their audience that a point is important and that the student should write it down. Unfortunately, the lecturer who's trying to **establish** (13) _____ a friendly relationship with his audience is likely on these occasions to employ a colloquial style. He might say such things as 'This is, of course, the crunch' or 'Perhaps you'd like to get it down'. Although this will help the student who's a native English-speaker, it may very well **cause** (14) _____ difficulty for the non-native English speaker. He'll therefore have to make a big **effort** (15) _____ to get used to the various styles of his lecturers.   It's worth remembering that most lecturers also give indirect signals to indicate what's important. They either pause or speak slowly or speak loudly or use a greater range of intonation, or they employ a **combination** (16) _____ of these devices, when they say something important. Conversely, their sentences are delivered quickly, softly, within a **narrow** (17) _____ range of intonation and with short or infrequent pauses when they are saying something which is incidental. It is, of course, helpful for the student to be aware of this and for him to focus his attention accordingly.

Having sorted out the main points, however, the student still has to write them down. And he has to do this quickly and **clearly** (18) _____. This is, in fact, the third basic skill he must learn to develop. In order to write at speed most students find it helps to abbreviate. They also try to select only those words which give **maximum** (19) _____ information. These are usually nouns, but sometimes verbs or adjectives. Writing only one point on each line also helps the student to understand his notes when he comes to read them later. An important difficulty is, of course, finding time to write the notes. If the student chooses the **wrong** (20)_____ moment to write he may miss a point of greater importance. Connecting words or connectives may guide him to a **correct** (21)_____ choice here.

Those connectives which indicate that the **argument (22)**_____ is proceeding in the same **direction (23)**_____ also tell the listener that it's safe time to write 'Moreover', 'furthermore', 'also', etc., are examples of this. Connectives such as 'however', 'on the other hand' or 'nevertheless' usually mean that new and perhaps **unexpected (24)**_____ information is going to **follow (25)**_____. Therefore, it may, on these occasions, be more appropriate to listen.

The fourth skill that the student must develop is one that is **frequently (26)**_____ neglected. He must learn to show the connections between the various points he's noted. This can often be done more effectively by a visual presentation than by a lengthy **statement (27)**_____ in words. Thus the use of spacing, underlining, and of conventional symbols plays an important part in **efficient (28)**_____ note-taking. Points should be numbered, too, wherever **possible (29)**_____. In this way the student can see at a **glance (30)**_____the framework of the lecture.（文章选自：《英语中级听力》2）

你认为本篇文章的难易度如何？请圈出相应选项。"1"到"5"分别代表："非常简单""简单""适中""较难""非常难"。

1　　　2　　　3　　　4　　　5

问卷到此结束，非常感谢各位同学！

附录二十二　实验一、实验四　目标词语熟悉度问卷

被试编号：

请把英语词语翻译成汉语。并根据自身情况，圈出自己对各词语的熟

悉程度。其中"1"代表"非常熟悉","2"代表"较熟悉","3"代表"一般熟悉","4"代表"不太熟悉","5"代表"完全不熟悉"。

编 号	英语词语	汉 语 意 思	词语熟悉度
1	complex		1 2 3 4 5
2	analyze		1 2 3 4 5
3	check		1 2 3 4 5
4	previous		1 2 3 4 5
5	ability		1 2 3 4 5
6	context		1 2 3 4 5
7	discourage		1 2 3 4 5
8	solely		1 2 3 4 5
9	another		1 2 3 4 5
10	second		1 2 3 4 5
11	carefully		1 2 3 4 5
12	major		1 2 3 4 5
13	establish		1 2 3 4 5
14	cause		1 2 3 4 5
15	effort		1 2 3 4 5
16	combination		1 2 3 4 5
17	narrow		1 2 3 4 5
18	clearly		1 2 3 4 5
19	maximum		1 2 3 4 5
20	wrong		1 2 3 4 5
21	correct		1 2 3 4 5
22	argument		1 2 3 4 5
23	direction		1 2 3 4 5
24	unexpected		1 2 3 4 5
25	follow		1 2 3 4 5
26	frequently		1 2 3 4 5
27	statement		1 2 3 4 5

编　号	英语词语	汉 语 意 思	词语熟悉度
28	efficient		1　2　3　4　5
29	possible		1　2　3　4　5
30	glance		1　2　3　4　5
31	captain		1　2　3　4　5
32	absolute		1　2　3　4　5
33	chain		1　2　3　4　5
34	profession		1　2　3　4　5
35	accident		1　2　3　4　5
36	clever		1　2　3　4　5
37	delivery		1　2　3　4　5
38	scientist		1　2　3　4　5
39	admission		1　2　3　4　5
40	serious		1　2　3　4　5
41	collection		1　2　3　4　5
42	market		1　2　3　4　5
43	election		1　2　3　4　5
44	coast		1　2　3　4　5
45	employ		1　2　3　4　5
46	committee		1　2　3　4　5
47	neighbor		1　2　3　4　5
48	common		1　2　3　4　5
49	manager		1　2　3　4　5
50	welcome		1　2　3　4　5
51	complete		1　2　3　4　5
52	advantage		1　2　3　4　5
53	dependence		1　2　3　4　5
54	university		1　2　3　4　5
55	favor		1　2　3　4　5
56	fashionable		1　2　3　4　5

编　号	英语词语	汉　语　意　思	词语熟悉度
57	silence		1　2　3　4　5
58	encourage		1　2　3　4　5
59	pronounce		1　2　3　4　5
60	ground		1　2　3　4　5

附录二十三　干扰任务：计算题

被试编号：

一、请写出下列算式的答案。

1. $28 \times 2 =$

2. $40 \div 5 =$

3. $102 - 65 =$

4. $149 - 64 =$

5. $46 \times 8 =$

6. $112 \div 3 =$

7. $86 + 77 =$

8. $67 - 24 =$

9. $56 - 35 =$

10. $178 - 85 =$

附录二十四　实验一　汉语词语启动量与被试的汉语、英语学习经历和各项能力之间的相关矩阵图

	1	2	3	4	5	6	7	8	9	10	11	12	13	14	15	16
1 汉语词语启动效应量		−0.021	−0.259	−0.232	−0.154	−0.084	−0.078	−0.044	0.001	0.091	0.141	0.142	0.235	0.164	−0.193	−0.050
2 英语学习年限			0.428*	0.142	0.212	−0.041	0.065	0.051	0.132	0.046	0.100	0.044	0.035	0.090	0.075	−0.041
3 高考语文分数				0.405*	0.143	−0.087	−0.175	−0.033	0.347	0.199	0.160	0.273	−0.058	0.165	0.315	0.065
4 高考英语分数					0.099	−0.139	−0.002	0.016	0.366**	−0.028	−0.029	0.097	−0.234	−0.016	0.856**	0.423*
5 汉语总体水平						0.796**	0.748**	0.797**	0.342	0.221	0.217	0.113	−0.176	0.284	0.018	−0.037
6 汉语听力水平							0.773**	0.823**	0.309	0.271	0.266	0.204	0.021	0.315	−0.162	−0.042
7 汉语发音水平								0.876**	0.294	0.023	0.190	0.075	0.031	0.215	−0.062	0.045
8 汉语朗读能力									0.384*	0.274	0.336	0.221	0.033	0.415*	−0.066	0.048
9 英语总体水平										0.611**	0.683**	0.630**	0.138	0.532**	0.384**	0.514**
10 英语听力水平											0.785**	0.552**	−0.099	0.683**	0.112	0.378*
11 英语发音水平												0.765**	0.260	0.873**	0.135	0.415*
12 英语朗读能力													0.417*	0.737**	0.133	0.244

续表

	1	2	3	4	5	6	7	8	9	10	11	12	13	14	15	16
13 课下英语使用情况														0.253	−0.269	−0.093
14 英语口语测试															0.065	0.210
15 实验一目标词语翻译得分																0.767**
16 实验一目标词语熟悉度																

注：*. 在 0.05 水平（双侧）上显著相关；**. 在 0.01 水平（双侧）上显著相关。下同。

附录二十五　实验一　英语词语启动效应量与被试汉语、英语学习经历和各项能力之间的相关矩阵图

	1	2	3	4	5	6	7	8	9	10	11	12	13	14	15	16
1 英语词语启动效应量		0.414*	0.208	0.106	0.393*	0.419*	0.434*	0.400*	0.220	0.096	0.285	0.363*	0.269	0.249	0.062	0.071
2 英语学习年限			0.428*	0.142	0.212	−0.041	0.065	0.051	0.132	0.046	0.100	0.044	0.035	0.090	0.075	−0.041

	1	2	3	4	5	6	7	8	9	10	11	12	13	14	15	16
3 高考语文分数				0.405*	0.143	-0.087	-0.175	-0.033	0.347	0.199	0.160	0.273	-0.058	0.165	0.315	0.065
4 高考英语分数					0.099	-0.139	-0.002	0.016	0.366*	-0.028	-0.029	0.097	-0.234	-0.016	0.856**	0.423*
5 汉语总体水平						0.796**	0.748**	0.797**	0.342	0.221	0.217	0.113	-0.176	0.284	0.018	-0.037
6 汉语听力水平							0.773**	0.823**	0.309	0.271	0.266	0.204	0.021	0.315	-0.162	-0.042
7 汉语发音水平								0.876**	0.294	0.023	0.190	0.075	0.031	0.215	-0.062	0.045
8 汉语朗读能力									0.384*	0.274	0.336	0.221	0.033	0.415*	-0.066	0.048
9 英语总体水平										0.611**	0.683**	0.630**	0.138	0.532**	0.384*	0.514**
10 英语听力水平											0.785**	0.552**	-0.099	0.683**	0.112	0.378*
11 英语发音水平												0.765**	0.260	0.873**	0.135	0.415*
12 英语朗读能力													0.417*	0.737**	0.133	0.244
13 课下英语使用情况														0.253	-0.269	-0.093
14 英语口语测试															0.065	0.210
15 实验—目标词语翻译得分																0.767**
16 实验—目标词语熟悉度																

附录二十六 实验二 英语学习者语音重复词语启动效应量与被试的汉语、英语学习经历和各项能力之间的相关矩图

	1	2	3	4	5	6	7	8	9	10	11	12	13	14	15	16
1 英语学习者语音重复词语启动效应量		0.373*	0.188	0.183	0.534**	0.128	0.274	0.499**	0.521**	-0.154	-0.159	-0.095	-0.121	0.032	0.047	-0.030
2 英语学习年限			0.428*	0.142	0.212	0.132	-0.041	0.065	0.051	0.046	0.100	0.044	0.035	0.090	0.106	0.095
3 高考语文分数				0.405*	0.143	0.347	-0.087	-0.175	-0.033	0.199	0.160	0.273	-0.058	0.165	0.288	0.253
4 高考英语分数					0.099	0.366*	-0.139	-0.002	0.016	-0.028	-0.029	0.097	-0.234	-0.016	0.789**	0.628**
5 汉语总体水平						0.342	0.796**	0.748**	0.797**	0.221	0.217	0.113	-0.176	0.284	0.022	-0.071
6 英语总体水平							0.309	0.294	0.384*	0.611**	0.683**	0.630**	0.138	0.532**	0.254	0.177
7 汉语听力水平								0.773**	0.823**	0.271	0.266	0.204	0.021	0.315	-0.093	-0.332
8 汉语发音水平									0.876**	0.023	0.190	0.075	0.031	0.215	-0.032	-0.205
9 汉语朗读能力										0.274	0.336	0.221	0.033	0.415*	0.051	-0.134
10 英语听力水平											0.785**	0.552**	-0.099	0.683**	0.143	0.234
11 英语发音水平												0.765**	0.260	0.873**	0.034	-0.036
12 英语朗读能力													0.417*	0.737**	-0.036	-0.114

续　表

	1	2	3	4	5	6	7	8	9	10	11	12	13	14	15	16
13 课下英语使用情况														0.253	−0.240	−0.353
14 英语口语测试															0.036	−0.115
15 实验二目标词语翻译得分																0.739**
16 实验二目标词语熟悉度																

附录二十七　实验二　英语母语者语音重复词语启动效应量与被试的汉语、英语学习经历和各项能力之间的相关矩图

	1	2	3	4	5	6	7	8	9	10	11	12	13	14	15	16
1 英语母语者语音重复词语启动效应量		−0.128	0.104	0.425*	0.155	0.406*	0.121	0.227	0.416*	0.197	0.118	0.139	−0.011	0.058	0.475**	0.484**

续 表

	1	2	3	4	5	6	7	8	9	10	11	12	13	14	15	16
2 英语学习年限			0.428*	0.142	0.212	0.132	-0.041	0.065	0.051	0.046	0.100	0.044	0.035	0.090	0.106	0.095
3 高考语文分数				0.405*	0.143	0.347	-0.087	-0.175	-0.033	0.199	0.160	0.273	-0.058	0.165	0.288	0.253
4 高考英语分数					0.099	0.366*	-0.139	-0.002	0.016	-0.028	-0.029	0.097	-0.234	-0.016	0.789**	0.628**
5 汉语总体水平						0.342	0.796**	0.748**	0.797**	0.221	0.217	0.113	-0.176	0.284	0.022	-0.071
6 英语总体水平							0.309	0.294	0.384**	0.611**	0.683**	0.630**	0.138	0.532**	0.254	0.177
7 汉语听力水平								0.773**	0.823**	0.271	0.266	0.204	0.021	0.315	-0.093	-0.332
8 汉语发音水平									0.876**	0.023	0.190	0.075	0.031	0.215	-0.032	-0.205
9 汉语朗读能力										0.274	0.336	0.221	0.033	0.415*	0.051	-0.134
10 英语听力水平											0.785**	0.552**	-0.099	0.683**	0.143	0.234
11 英语发音水平												0.765**	0.260	0.873**	0.034	-0.036
12 英语朗读能力													0.417*	0.737**	-0.036	-0.114
13 课下英语使用情况														0.253	-0.240	-0.353
14 英语口语测试															0.036	-0.115
15 实验二目标词语翻译得分																0.739**
16 实验二目标词语熟悉度																

附录二十八　实验三　基线组被试的英语词语启动效应量与其汉语、英语学习经历和各项能力之间的相关矩阵图

	1	2	3	4	5	6	7	8	9	10	11	12	13	14	15	16
1 英语词语启动效应量		−0.055	0.252	0.257	0.296	−0.063	0.014	−0.423	0.069	−0.078	−0.208	−0.225	−0.309	−0.063	0.207	0.260
2 英语学习年限			0.218	0.001	−0.189	−0.244	0.152	0.019	0.027	0.037	0.156	0.070	0.208	0.099	−0.008	0.068
3 高考语文分数				−0.018	0.215	0.084	0.417	0.264	−0.120	−0.004	−0.004	0.017	0.139	0.052	0.090	−0.173
4 高考英语分数					−0.198	−0.085	−0.164	−0.147	0.383	0.162	0.242	0.121	0.063	0.297	0.642**	0.635**
5 汉语总体水平						0.571**	0.435	0.510*	0.250	0.145	−0.032	0.152	−0.026	0.223	−0.160	−0.121
6 汉语听力水平							0.762**	0.733**	0.437	0.330	0.393	0.533*	0.345	0.433	−0.169	−0.043
7 汉语发音水平								0.702**	0.149	0.216	0.251	0.360	0.167	0.413	−0.099	−0.084
8 汉语朗读能力									0.251	0.262	0.333	0.458*	0.308	0.428	−0.204	−0.106
9 英语总体水平										0.746**	0.795**	0.723**	0.496**	0.616**	0.268	0.386
10 英语听力水平											0.843**	0.709**	0.508**	0.577**	0.329	0.223
11 英语发音水平												0.921**	0.601**	0.749**	0.147	0.204
12 英语朗读能力													0.459*	0.860**	0.022	0.119

续　表

	1	2	3	4	5	6	7	8	9	10	11	12	13	14	15	16
13 课下英语使用情况														0.135	−0.097	−0.073
14 英语口语测试															0.189	0.198
15 实验三目标词语翻译得分																0.598**
16 实验三目标词语熟悉度																

附录二十九　实验三　浅加工组被试的英语词语启动效应量与其汉语、英语学习经历和各项能力之间的相关矩阵图

	1	2	3	4	5	6	7	8	9	10	11	12	13	14	15	16
1 英语词语启动效应量		−0.004	−0.235	0.084	−0.122	−0.372	−0.337	−0.595**	−0.351	−0.073	−0.076	−0.448*	0.100	−0.213	0.094	0.079
2 英语学习年限			−0.108	0.099	0.094	0.134	0.208	0.183	0.106	0.465*	0.266	0.266	0.125	0.234	0.105	−0.102

续　表

	1	2	3	4	5	6	7	8	9	10	11	12	13	14	15	16
3 高考语文分数				-0.240	0.154	0.174	0.205	0.170	-0.079	-0.112	0.271	0.271	0.182	0.378	-0.233	-0.196
4 高考英语分数					-0.080	-0.355	-0.303	-0.145	-0.131	-0.048	-0.163	-0.163	0.327	-0.182	0.826**	0.550*
5 汉语总体水平						0.647**	0.768**	0.506*	0.075	0.526*	0.487*	0.487*	0.076	0.377	-0.092	0.175
6 汉语听力水平							0.889**	0.629**	0.457*	0.319	0.672**	0.672**	0.016	0.447*	-0.409	-0.291
7 汉语发音水平								0.632**	0.383	0.461*	0.535	0.535	0.043	0.337	-0.404	-0.233
8 汉语朗读能力									0.468*	0.379	0.457*	0.457*	0.274	0.219	-0.118	0.088
9 英语总体水平										0.049	0.260	0.260	-0.082	-0.026	-0.327	-0.412
10 英语听力水平											0.367	0.367	-0.050	0.410	0.194	0.308
11 英语发音水平												0.826**	-0.088	0.677**	-0.036	-0.158
12 英语朗读能力													-0.324	0.783**	-0.036	-0.158
13 课下英语使用情况														-0.063	0.237	0.314
14 英语口语测试															0.076	-0.048
15 实验三目标词语翻译得分																0.764**
16 实验三目标词语熟悉度																

附录三十 实验三 深加工组被试的英语词语启动效应量与其汉语、英语学习经历和各项能力之间的相关矩阵图

	1	2	3	4	5	6	7	8	9	10	11	12	13	14	15	16
1 英语词语启动效应量		−0.194	0.162	−0.197	0.321	0.146	−0.035	0.162	−0.490*	−0.145	−0.244	−0.108	−0.029	−0.066	0.010	0.343
2 英语学习年限			−0.085	0.403	0.245	0.104	0.538*	0.385	0.309	0.086	0.453*	0.299	0.253	0.307	0.412	−0.158
3 高考语文分数				−0.273	−0.014	−0.187	−0.025	−0.294	−0.288	−0.121	−0.382	−0.403	−0.035	−0.401	0.168	−0.205
4 高考英语分数					−0.240	−0.234	0.528*	0.345	0.297	0.318	0.440	0.376	0.556*	0.484*	0.667**	−0.045
5 汉语总体水平						0.679**	0.385	0.349	0.180	0.039	0.268	0.358	−0.147	0.367	0.000	−0.066
6 汉语听力水平							0.343	0.501*	0.198	−0.039	0.375	0.213	−0.100	0.212	−0.219	0.179
7 汉语发音水平								0.820**	0.311	0.134	0.325	0.289	0.341	0.299	0.447*	−0.376
8 汉语朗读能力									0.175	0.052	0.210	0.187	0.132	0.155	0.096	−0.179
9 英语总体水平										0.564**	0.793**	0.707**	0.106	0.590**	0.116	−0.286
10 英语听力水平											0.467*	0.666**	0.223	0.613**	0.075	0.152
11 英语发音水平												0.777**	0.237	0.798**	0.207	0.106
12 英语朗读能力													0.422	0.897**	0.185	0.088

续 表

	1	2	3	4	5	6	7	8	9	10	11	12	13	14	15	16
13 课下英语使用情况														0.408	0.476*	0.088
14 英语口语测试															0.195	0.190
15 实验三目标词语翻译得分																-0.258
16 实验三目标词语熟悉度																

附录三十一 实验四 孤立组被试的英语词语词启动效应量与其汉语、英语学习经历和各项能力之间的相关矩阵图

	1	2	3	4	5	6	7	8	9	10	11	12	13	14	15	16
1 英语词语启动效应量		0.003	0.127	0.055	0.001	0.053	-0.050	-0.246	0.324	0.173	0.129	-0.053	0.196	-0.104	-0.090	-0.109
2 英语学习年限			0.177	0.225	-0.080	-0.147	0.294	0.197	0.100	0.186	0.289	0.212	0.243	0.201	0.195	-0.102

续 表

	1	2	3	4	5	6	7	8	9	10	11	12	13	14	15	16
3 高考语文分数				-0.131	0.187	0.112	0.437*	0.267	-0.126	0.028	-0.061	-0.041	0.049	-0.085	-0.117	-0.348
4 高考英语分数					-0.244	-0.250	0.034	-0.038	0.295	0.228	0.315	0.207	0.179	0.379*	0.772**	0.468**
5 汉语总体水平						0.662**	0.358	0.397*	0.171	0.101	0.075	0.248	0.027	0.289	-0.250	-0.192
6 汉语听力水平							0.560**	0.567**	0.371**	0.150	0.404*	0.459*	0.203	0.351	-0.166	-0.013
7 汉语发音水平								0.740**	0.153	0.228	0.293	0.389*	0.165	0.362*	0.060	0.037
8 汉语朗读能力									0.194	0.162	0.315	0.429*	0.241	0.318	0.014	0.088
9 英语总体水平										0.736**	0.803**	0.719**	0.309	0.606**	0.256	0.172
10 英语听力水平											0.693**	0.693**	0.377*	0.560**	0.132	0.108
11 英语发音水平												0.862**	0.431*	0.748**	0.280	0.225
12 英语朗读能力													0.406*	0.862**	0.175	0.169
13 课下英语使用情况														0.231	0.060	-0.025
14 英语口语测试															0.342	0.280
15 实验四目标词语翻译得分																0.753**
16 实验四目标词语熟悉度																

附录三十二　实验四　语篇组被试的英语词语启动效应量与其汉语、英语学习经历和各项能力之间的相关矩阵图

	1	2	3	4	5	6	7	8	9	10	11	12	13	14	15	16
1 英语词语启动效应量		0.139	0.025	0.133	−0.208	−0.142	−0.099	−0.090	−0.023	−0.118	−0.081	−0.138	0.180	−0.122	0.247	0.226
2 英语学习年限			−0.079	0.133	0.194	0.161	0.314	0.304	0.224	0.106	0.268	0.188	0.050	0.095	0.128	−0.020
3 高考语文分数				−0.233	0.113	0.130	0.186	0.095	−0.109	−0.166	0.204	0.148	0.143	0.266	−0.230	−0.269
4 高考英语分数					−0.070	−0.223	−0.141	0.052	0.101	0.124	0.019	0.054	0.431*	0.001	0.813**	0.773**
5 汉语总体水平						0.593**	0.683**	0.494**	0.149	0.376*	0.454*	0.419*	−0.045	0.375*	−0.188	−0.327
6 汉语听力水平							0.819**	0.690**	0.303	0.192	0.567**	0.441*	−0.015	0.367*	−0.259	−0.293
7 汉语发音水平								0.675**	0.344	0.174	0.464**	0.351	0.083	0.269	−0.220	−0.353
8 汉语朗读能力									0.400*	0.217	0.391*	0.286	0.172	0.167	−0.016	−0.128
9 英语总体水平										0.155	0.365*	0.408*	0.041	0.095	0.011	0.147
10 英语听力水平											0.380*	0.469**	0.034	0.452*	0.028	0.154
11 英语发音水平												0.837**	0.078	0.697**	−0.111	−0.069
12 英语朗读能力													−0.030	0.796**	−0.119	0.027

续 表

	1	2	3	4	5	6	7	8	9	10	11	12	13	14	15	16
13 课下英语使用情况														0.129	0.572**	0.475**
14 英语口语测试															−0.211	−0.148
15 实验四目标词语翻译得分																0.839**
16 实验四目标词语熟悉度																

参考文献

［1］ AITCHISON J. Words in the Mind: An Introduction to the Mental Lexicon［M］. Oxford: Blackwell Publishers Ltd, 2003.

［2］ ALEXANDER L G, HE Q X. New Concept English［M］. Beijing: Foreign Language Teaching and Research Press, 2011.

［3］ ALTARRIBA J. Cognitive approaches to the study of emotion-laden and emotion words in monolingual and bilingual memory［A］. In PAVLENKO A. Bilingual Minds: Emotional Experience, Expression and Representation［C］. Clevedon, UK: Multilingual Matters, 2006: 232 - 256.

［4］ ARAKI M, CHOSHI K. Contingent muscular tension during a choice reaction task［J］. Perceptual and Motor Skills, 2006, 102(3): 736 - 746.

［5］ BAINBRIDGE J V, LEWANDOWSKY S, KIRSNER K. Context effects in repetition priming are sense effects［J］. Memory & Cognition, 1993, 21(5): 619 - 626.

［6］ BALOTA D A, CHUMBLEY J I. The locus of word-frequency effects in the pronunciation task: Lexical access and/or production?［J］. Journal of Memory & Language, 1985, 24(1): 89 - 106.

［7］ BARCROFT J, VANPATTEN B. Acoustic salience of grammatical forms: The effect of location, stress and boundedness on Spanish EFL input processing［A］. In GLASS W R, PÉREZ-LEROUX A T. Contemporary Perspectives on the Acquisition of EFL Spanish. Vol. 2, Production, Processing and Comprehension［C］. Somerville, Ma: Cascadilla Press, 1997: 109 - 121.

［8］ BARRAL J, DEBÛ B. Aiming in adults: sex and laterality effects［J］. Laterality, 2004, 9(3): 299 - 312.

［9］ BECKMAN M E, EDWARDS J. The ontogeny of phonological categories and the primacy of lexical learning in linguistic development［J］. Child Development, 2000, 71(1): 240 - 249.

［10］ BELLIS C J. Reaction time and chronological age［J］. Proceedings of the Society of Experimental Psychology and Medicine, 1933, 30(6): 801 - 803.

［11］ BESKEN M, MULLIGAN N W. Context effects in auditory implicit memory

[J]. Quarterly Journal of Experimental Psychology, 2010, 6310: 2012 – 2030.

[12] BEST C T, MCROBERTS G W, GOODELL E. Discrimination of non-native consonant contrasts varying in perceptual assimilation to the listener's native phonological system [J]. Journal of the Acoustical Society of America, 2001, 109 (2): 775 – 794.

[13] BIRD S A, WILLIAMS J N. The effect of bimodal input on implicit and explicit memory: An investigation into the benefits of within-language subtitling [J]. Applied Psycholinguistics, 2002, 23(4): 509 – 533.

[14] BLATON T A. Investigating dissociations among memory measures: Support for a transfer-appropriate processing framework [J]. Journal of Experimental Psychology: Learning, Memory and Cognition, 1989, 15(4): 657 – 668.

[15] BOCK K, LEVELT W J M. Language production: Grammatical encoding [A]. In GERNSBACHER M A. Handbook of Psycholinguistics [C]. London: Academic Press, 1994: 945 – 984.

[16] BOWERS J S, SCHACTER D L. Implicit memory and test awareness [J]. Journal of Experimental Psychology: Learning, Memory and Cognition, 1990,16 (3): 404 – 416.

[17] BRADLOW A R, PISONI D B. Recognition of spoken words by native and non-native listeners: Talker-, listener-, and item-related factors [J]. Journal of the Acoustical Society of America, 1999, 106(4): 2074 – 2085.

[18] BRADLOW R, PISONI D B, YAMADA R A, et al. Training Japanese listeners to identify English /r/ and /l/: Ⅳ. Some effects of perceptual learning on speech production [J]. Journal of the Acoustical Society of America, 1997, 101(4): 2299 – 2310.

[19] BRAND N, JOLLES J. Learning and retrieval rate of words presented auditorily and visually [J]. Journal of General Psychology, 1985, 112(2): 201 – 210.

[20] BREBNER J T. Reaction time in personality theory [A]. In WELFORD A. T. Reaction Times[C]. Academic Press, New York, 1980: 309 – 320.

[21] BROE M, PIERREHUMBERT J. Papers in Laboratory Phonology Ⅴ: Acquisition and the Lexicon [C]. Cambridge University Press, 2000.

[22] BROWN T S, PERRY F L. A comparison of three learning strategies for ESL vocabulary acquisition [J]. TESOL Quarterly, 1991, 25(4): 655 – 670.

[23] BURT J S, CONNORS M D, GRANT-TAYLOR K. Stem-completion priming for words studied in sentences: the context deletion effect under direct and indirect memory instructions [J]. Australian Journal of Psychology, 2003, 55(1): 1 – 8.

[24] CARROLL J, SNOWLING M. Language and phonological skills in children at high risk of reading difficulties [J]. Journal of Child Psychology and Psychiatry, 2004, 45(3): 631 – 640.

[25] CHALLIS B H, SIDHU R. Dissociative effect of massed repetition on implicit and explicit measures of memory [J]. Journal of Experimental Psychology: Learning, Memory and Cognition, 1993, 19(1): 115 - 127.

[26] CHALLIS B H, VELICHKOVSKY B M, CRAIK F I M. Levels-of-processing effects on a variety of memory tasks: New findings and theoretical implications [J]. Consciousness and Cognition, 1996, 5(1 - 2): 142 - 164.

[27] CHEN C M, CHEN L C, YANG S M. An English vocabulary learning app with self-regulated learning mechanism to improve learning performance and motivation [J]. Computer Assisted Language Learning, 2019, 32(3): 237 - 260.

[28] CHRISTOFFANINI P, KIRSNER K, MILECH D. Bilingual lexical representation: The status of Spanish-English cognates [J]. The Quarterly Journal of Experimental Psychology Section A, 1986, 38(3): 367 - 393.

[29] CHURCH B, FISHER C. Long-term auditory word priming in preschoolers: Implicit memory support for language acquisition [J]. Journal of Memory and Language, 1998, 39(4): 523 - 542.

[30] CHURCH B, SCHACTER D L. Perceptual specificity of auditory priming: Implicit memory for voice intention and fundamental frequency [J]. Journal of Experimental Psychology: Learning, Memory, and Cognition, 1994, 20 (3): 521 - 533.

[31] COHEN N J, SQUIRE L R. Preserved learning and retention of pattern analyzing skill in amnesia: dissociation of knowing how and knowing that [J]. Science, 1980, 210(4466): 207 - 210.

[32] COLLINS L, PAVEL T, JOANNA W, et al. Some input on the easy/difficult grammar question: An empirical study [J]. Modern Language Journal, 2009, 93 (3): 336 - 353.

[33] COLTHEART M, CURTIS B, ATKINS P, et al. Models of reading aloud: Dual-route and parallel-distributed-processing approaches [J]. Psychological Review, 1993, 100(4): 589 - 608.

[34] COLTHEART M, PATTERSON K, MARSHALL J C. Deep Dyslexia since 1980[M]. Routledge, 1987.

[35] COTE K A, MILNER C E, SMITH B A, et al. CNS arousal and neurobehavioral performance in a short-term sleep restriction paradigm [J]. Journal of Sleep Research, 2009, 18(3): 291 - 303.

[36] CRAIK F I M. Levels of processing: Past, present and future? [J]. Memory, 2002, 10(5 - 6): 305 - 318.

[37] CRAIK F I M, LOCKHART R S. Levels of processing: A framework for memory research [J]. Journal of Verbal Learning and Verbal Behavior, 1972, 11 (6): 671 - 684.

[38] DANE S, ERZURUMLUOGLU E. Sex and handedness differences in eye-hand visual reaction times in handball players [J]. International Journal of Neuroscience, 2003,113(7): 923 - 929.

[39] DE BOT K, COX A, RALSTON S, et al. Lexical processing in bilinguals [J]. Second Language Research, 1995, 11(1): 1 - 19.

[40] DELL G S. Effects of frequency and vocabulary type on phonological speech errors [J]. Language and Cognitive Processes, 1990, 5(4): 313 - 349.

[41] DENNY E R, HUNT R R. Affective valence and memory in depression: Dissociation of recall and fragment completion [J]. Journal of Abnormal Psychology, 1992, 101(3): 575 - 580.

[42] DER G, DEARY I J. Age and sex differences in reaction time in adulthood: Results from the United Kingdom Health and Lifestyle Survey [J]. Psychology and Aging, 2006, 21(1): 62 - 73.

[43] DEW I, CABEZA R. The porous boundaries between explicit and implicit memory: behavioral and neural evidence [J]. Annal of the New York Academy of Sciences, 2011, 1224(1): 174 - 190.

[44] DIENES Z. Conscious versus unconscious learning of structure [A]. In REBUSCHAT P, WILLIAMS J. Statistical Learning and Language Acquisition [C]. Mouton de Gruyter Publishers, 2012: 337 - 364.

[45] ECKE P. Language attrition and theories of forgetting: A cross-disciplinary review [J]. International Journal of Bilingualism, 2004, 8(3): 321 - 354.

[46] ELLIS A W. Modality-specific repetition priming of auditory word recognition [J]. Current Psychological Research, 1982, 2(1): 123 - 127.

[47] ELLIS N C. Introduction: implicit and explicit language learning - an overview [A]. In ELLIS N. Implicit and explicit learning of languages [C]. London etc. : Academic Press, 1994: 1 - 31.

[48] FISHER C, CHURCH B, CHAMBERS K E. Learning to identify spoken words [A]. In HALL D G, WAXMAN S. R. Weaving a Lexicon [C]. Cambridge, MA: MIT Press, 2004: 3 - 40.

[49] FISHER C, HALL D G, RAKOWITZ S, et al. When it is better to receive than to give: Syntactic and conceptual constraints on vocabulary growth [J]. Lingua, 1994(92): 333 - 375.

[50] FLEGE J E. Second language speech learning: Theory, findings and problems [A]. In STRANGE W. Speech Perception and Linguistic Experience [C]. Baltimore: York Press, 1995: 233 - 272.

[51] FLEGE J E. Give input a chance [A]! In THORSTEN P, MARTHA Y. Input matters in SLA[C]. Bristol: Multilingual Matters, 2009: 175 - 190.

[52] FLEGE J E, YENI-KOMSHIAN G H, LIU S. Age constraints on second

language acquisition[J]. Journal of Memory and Language, 1999, 41(1): 78 – 104.

[53] GATHERCOLE S E, CONWAY M A. Exploring long-term modality effects: Vocalization leads to better retention [J]. Memory and Cognition, 1988, 16(2): 110 – 119.

[54] GOLDINGER S D. Words and voices: Implicit and explicit memory for spoken words[D]. Indiana University, 1992.

[55] GOLDINGER S D. Words and voices: Episodic traces in spoken word identification and recognition memory [J]. Journal of Experimental Psychology: Learning, Memory, and Cognition, 1996, 22(5): 1166 – 1183.

[56] GOLDINGER S D. Echoes of echoes? An episodic theory of lexical access [J]. Psychological Review, 1998, 105(2): 251 – 279.

[57] GOLDINGER S D. A complementary-systems approach to abstract and episodic speech perception [A]. Published in Proceedings of 2007 International Congress on Phonetic Sciences[C]. Saarbrucken, Germany, 2007: 49 – 54.

[58] GRAF P, MANDLER G. Activation makes words more accessible but not necessarily more retrievable [J]. Journal of Verbal Learning and Verbal Behavior, 1984, 23(5): 533 – 568.

[59] GRAF P, MANDLER G, HADEN P. Simulating amnesic symptoms in normal subjects [J]. Science, 1982, 218(4578): 1243 – 1244.

[60] GRAF P, SCHACTER D L. Implicit and explicit memory for new associations in normal and amnesic subjects [J]. Journal of Experimental Psychology: Learning, Memory, and Cognition, 1985, 11(3): 501 – 518.

[61] GRAF P, SQUIRE L R, MANDLER G. The information that amnesic patients do not forget [J]. Journal of Experimental Psychology, 1984, 10(1): 164 – 178.

[62] GRAHAM S. Learner strategies and advanced level listening comprehension [J]. Language Learning Journal, 2003, 28(1): 64 – 69.

[63] GUPTA P, MACWHINNEY B. Vocabulary acquisition and verbal short-term memory: Computational and neural bases [J]. Brain and Language, 1997, 59(2): 267 – 333.

[64] HABIB R, NYBERG L. Incidental retrieval processes influence explicit test performance with data-limited cues [J]. Psychonomic Bulletin & Review, 1997, 4 (1): 130 – 133.

[65] HENNING G H. Remembering foreign language vocabulary: Acoustic and semantic parameters [J]. Language Learning, 1973, 23(2): 185 – 196.

[66] HILLIS A E, CARAMAZZA A. Mechanisms for accessing lexical representations for output: Evidence from a category-specific semantic deficit [J]. Brain & Language, 1991, 40(1): 106 – 144.

[67] HORST M, MEARA P. Test of a model for predicting second language lexical growth through reading [J]. The Canadian Modern Language Review, 1999, 56 (2): 308 - 328.

[68] HSIEH S. Tasking shifting in dual-task settings [J]. Perceptual and Motor Skills, 2002, 94(2): 407 - 414.

[69] HUNT A, BEGLAR D. A framework for developing EFL reading vocabulary [J]. Reading in a Foreign Language, 2005, 17(1): 23 - 59.

[70] JACKSON A, MORTON J. Facilitation of auditory word recognition [J]. Memory and Cognition, 1984, 12(6): 568 - 574.

[71] JACOBY L L. Remembering the data: Analyzing interactive processes in Reading [J]. Journal of Verbal Learning & Verbal Behavior, 1983, 22(5): 485 - 508.

[72] JAY T B. The Psychology of Language [M]. Upper Saddle River, NJ: Prentice-Hall, 2003.

[73] JIANG F, KENNISON S. The impact of L2 English learners' belief about an interlocutor's English proficiency on L2 phonetic accommodation[J]. Journal of Psycholinguistic Research, 2022, 51: 217 - 234.

[74] JIANG N. Testing explanations for asymmetry in cross-language priming [J]. Bilingualism: Language and Cognition, 1999, 2(1): 59 - 75.

[75] JIANG N. Conducting RT Research in Second Language Studies [M]. NY: Routledge, 2012.

[76] JOHNSON N F, PUGH K R. A cohort model of visual word recognition [J]. Cognitive Psychology, 1994, 26(3): 240 - 346.

[77] JONES T C. Encoding conditions and implicit word-fragment completion [Z]. Unpublished data, 1992.

[78] JU M, CHURCH B A. Voice specificity effects in second-language acquisition: Episodic vs. dualist [A]. Paper presented at the 42nd Annual Meeting of the Psychonomic Society, Orlando, FL, 2001.

[79] JUSCZYK P W. Perception of syllable-final stops by two-month-old infants [J]. Perception and Psychophysics, 1977, 21(5): 450 - 454.

[80] KARJO C H. Auditory repetition priming for English word stress applying auditory priming in teaching English word stress[J]. Indonesian JELT, 2012, 8 (2): 14 - 25.

[81] KIRSNER K, SMITH M C, LOCKHART R S, et al. The bilingual lexicon: Language specific units in an integrated network [J]. Journal of Verbal Learning and Verbal Behavior, 1984, 23(4): 519 - 539.

[82] KLATT D H. Lexical representations for speech production and perception [A]. In MYERS T, LAVER J, ANDERSON J. The Cognitive Representation of Speech [C]. North-Holland Publishing Company, Amsterdam, 1989: 11 - 31.

[83] KOJIC-SABO I, LIGHTBOWN P. Students' approaches to vocabulary learning and their relationship to success[J]. The Modern Language Journal, 1999, 83 (2): 176-192.

[84] KOLERS P A. Memorial consequences of automatized encoding [J]. Journal of Experimental Psychology: Human Learning and Memory, 1975, 1(6): 689-701.

[85] KOLERS P A. Reading and knowing [J]. Canadian Journal of Psychology, 1979, 33(2): 106-117.

[86] KORSAKOFF S S. Etude medico-psychologique sur une forme desmaladies de la memoire [Medical-psychological study of a form of diseases of memory] [J]. Revue Philosophique, 1889, 28: 501-530.

[87] KRASHEN S D. Principles and Practice in Second Language Acquisition [M]. Oxford: Pergamon, 1982.

[88] KRASHEN S D. The Input Hypothesis [M]. Harlow: Longman, 1985.

[89] KRUPA A K. The competitive nature of declarative and nondeclarative memory systems: converging evidence from animal and human brain studies[J]. UCLA Undergraduate Science Journal, 2009, 22: 39-46.

[90] KUHL P. Human adults and human infants show a "perceptual magnet effect" for the prototypes of speech categories, monkeys do not [J]. Perception and Psychophysics, 1991, 50(2): 93-107.

[91] LABERGE D, SAMUELS J. Towards a theory of automatic information processing in reading [J]. Cognitive Psychology, 1974, 6(2): 293-323.

[92] LAUFER B. The development of passive and active vocabulary in a second language: Same or different? [J]. Applied Linguistics, 1998, 19(2): 255-271.

[93] LAUFER B, GOLDSTEIN Z. Testing vocabulary knowledge: Size, strength, and computer adaptiveness [J]. Language Learning, 2004, 54(3): 399-436.

[94] LEE P, LIN H. The effect of the inductive and deductive data-driven learning (DDL) on vocabulary acquisition and retention[J]. System, 2019, 81: 14-25.

[95] LEONG L A. Auditory priming effects on the production of second language speech sounds [D]. University of British Columbia, 2009.

[96] LEVELT W J M. Speaking: From Intention to Articulation [M]. Cambridge, MA: Bradford, 1989.

[97] LEVY B A, KIRSNER K. Reprocessing text: Indirect measures of word and message level processes [J]. Journal of Experimental Psychology: Learning, Memory, and Cognition, 1989, 15(3): 407-417.

[98] LIVELY S E, PISONI D B, GOLDINGER S D. Spoken word recognition: Research and theory [A]. In GERNSBACHER M. Handbook of Psycholinguistics [C]. New York: Academic Press, 1994: 265-301.

[99] LONG M, CROOKES G. Three approaches to task-based syllabus design [J].

TESOL Quarterly, 1992, 26(1): 27-56.

[100] LONG M, ROBINSON P. Focus on form: Theory, research and practice. In DOUGHY C, WILLIAMS J. Focus on Form in Classroom Second Language Acquisition [M]. Cambridge: Cambridge University Press, 1998.

[101] LOUI P. Statistical Learning-What Can Music Tell Us? [A] In REBUSCHAT P, WILLIAMS J. Statistical Learning and Language Acquisition [C]. Mouton de Gruyter, 2011: 433-462.

[102] LUCE P A, GOLDINGER S D, AUER JR E T, et al. Phonetic priming, neighborhood activation, and PARSYN [J]. Perception and Psychophysics, 2000, 62(3): 615-625.

[103] LUCE P A, PISONI D B. Recognizing spoken words: The neighborhood activation model [J]. Ear and Hearing, 1998, 19(1): 1-36.

[104] LUCE P A, PISONI D B, GOLDINGER S D. Similarity neighborhoods of spoken words [A]. In ALTMANN G. Cognitive Models of Speech Processing [C]. Cambridge: MIT Press, 1990: 122-147.

[105] MACDONALD S. Pronunciation-views and practices of reluctant teachers [J]. Prospect, 2002, 17(3): 3-18.

[106] MACK M. The phonetic systems of bilinguals [A]. In BANICH M T, MACK M. Mind, Brain, and Language: Multidisciplinary Perspectives [C]. Mahwah, NJ: Erlbaum, 2003: 309-349.

[107] MACLEOD C M. Word context during initial exposure influences degree of priming in word fragment completion [J]. Journal of Experimental Psychology: Learning, Memory, and Cognition, 1989, 15(3): 398-406.

[108] MAHDAVIAN A, KORMI-NOURI R. Effects of attention and levels of processing on explicit and implicit memory function with interesting and uninteresting tasks in university students [J]. Journal of Applied Sciences, 2008, 8(6): 1055-1060.

[109] MAIBAUER A M, MARKIS T A, NEWELL J, et al. Famous talker effects in spoken word recognition [J]. Attention, Perception, & Psychophysics, 2014, 76(1): 11-18.

[110] MARINOVA-TODD S, MARSHALL D, SNOW C. Three misconceptions about age and EFL learning [J]. TESOL Quarterly, 2000, 34(1): 9-34.

[111] MARSLEN-WILSON W D. Functional parallelism in spoken word-recognition [J]. Cognition, 1987, 25(1-2): 71-102.

[112] MARSLEN-WILSON W D. Activation, competition, and frequency in lexical access [A]. In ALTMANN G. T. M. Cognitive Models of Speech Processing: Psycholinguistic and Computational Perspectives [C]. Cambridge, MA: MIT Press, 1990: 148-172.

[113] MASRAI A. The relationship between two measures of L2 phonological vocabulary knowledge and L2 listening comprehension[J]. TESOL Journal, 2022,13(1): e612

[114] MASSON M E J, MACLEOD C M. Taking the "text" out of context effects in repetition priming of word identification [J]. Memory and Cognition, 2000, 28 (7): 1090 – 1097.

[115] MCCLELLAND J L. Stochastic interactive activation and the effect of context on perception [J]. Cognitive Psychology, 1991, 23(1): 1 – 44.

[116] MCCLELLAND J L, ELMAN J L. The TRACE model of speech perception [J]. Cognitive Psychology, 1986, 18(1): 1 – 86.

[117] MCCLELLAND J L, RUMELHART D E. An interactive activation model of context effects in letter perception: I. An account of basic findings [J]. Psychological Review, 1981, 88(5): 375 – 407.

[118] MCCLENNAN C T, GONZÁLEZ J. Examining talker effects in the perception of native- and foreign-accented speech [J]. Attention, Perception & Psychophysics, 2012, 74(5): 824 – 830.

[119] MCDONOUGH K, TROFIMOVICH P. Using Priming Methods in Second Language Research [M]. Foreign Language Teaching and Research Press. 2011.

[120] MCDOUGALL W. Outline of Psychology [M]. New York: Charles Scribner's Sons, 1924.

[121] MCLAUGHLIN B, HEREDIA R. Information-processing approaches to research on second language acquisition and use [J]. Handbook of Second Language Acquisition, 1996: 213 – 228.

[122] MCLENNAN C T, LUCE P A. Examining the time course of indexical specificity effects in spoken word recognition [J]. Journal of Experimental Psychology: Learning, Memory, and Cognition, 2005, 31(2): 306 – 321.

[123] MEARA P. Designing vocabulary tests for English, Spanish and other languages [A]. In BUTLER C, GÓMEZ GONZÁLEZ M A, DOVAL SUÁREZ S. The Dynamics of Language Use: Functional and Contrastive Perspectives [C]. Amsterdam: John Benjamins, 2005: 271 – 285.

[124] MILLER C A, POLL G H. Response time in adults with a history of language difficulties [J]. Journal of Communication Disorders, 2009, 42(5): 365 – 379.

[125] MORRIS C D, BRANSFORD J D, FRANKS J J. Levels of processing versus transfer appropriate processing [J]. Journal of Verbal Learning and Verbal Behavior, 1977, 16(5): 519 – 533.

[126] MORTON J. Interaction of information in word recognition [J]. Psychological Review, 1969, 76(2): 165 – 178.

[127] MORTON J. Disintegrating the lexicon: An information processing approach

[A]. In MEHLER J, WALKER E, GARRETT M F. On Mental Representation [C]. Hillsdale, NJ: Erlbaum, 1982: 89 – 109.

[128] MORTON J, PATTERSON K. A new attempt at an interpretation, or an attempt at new interpretation [A]. In COLTHEART M, PATTERSON K, MARSHALL J. Deep Dyslexia [C]. London: Routledge, 1980: 91 – 118.

[129] MULLIGAN N W, DUKE M, COOPER A W. The effects of divided attention on auditory priming [J]. Memory & Cognition, 2007, 35(6): 1245 – 1254.

[130] NATION P. Teaching and learning vocabulary [A]. In HINKEL E. Handbook of Research in Second Language Teaching and Learning Mahwah [C]. NJ: Erlbaum, 2005: 581 – 595.

[131] NAVRACSICS J. Word classes and the bilingual mental lexicon [A]. In LENGYEL Z, NAVRACSICS J. Second Language Lexical Processes. Applied Linguistics and Psycholinguistic Perspectives [C]. Clevedon, UK: Multilingual Matters, 2007: 17 – 35.

[132] NETTELBECK T. Factors affecting reaction time: Mental retardation, brain damage, and other psychopathologies [A]. In WELFORD A T. Reaction Times [C]. Academic Press, New York, 1980: 355 – 401.

[133] NICOLAS S. Perceptual and conceptual priming of individual words in coherent texts [J]. Memory, 1998, 6(6): 643 – 663.

[134] NICOLAS S, CARBONNEL S, TIBERGHIEN G. Data-driven processing and priming effects in a word-fragment completion task [J]. International Journal of Psychology, 1994, 29(2): 233 – 248.

[135] NICOLAS S, LEROUX-ZIEGLER C. Why is it so difficult to find priming effects for target words embedded in coherent texts [J]. Current Psychology Letters: Behaviour, Brain & Cognition, 2000 (2): 7 – 23.

[136] NICOLAS S, SODERLUND H. Cross-modality priming for individual words in memory for coherent texts [J]. Scandinavian Journal of Psychology, 2000, 41 (2): 123 – 132.

[137] NUSBAUM H C, GOODMAN J. Learning to hear speech as spoken language [A]. In NUSBAUM H C, GOODMAN J. The Development of Speech Perception: The Transition from Speech Sounds to Spoken Words [C]. Cambridge, MA: MIT Press, 1994: 299 – 338.

[138] NYGAARD L C, PISONI D B. Talker-specific learning in speech perception [J]. Perception & Psychophysics, 1998, 60(3): 335 – 376.

[139] OLIPHANT G W. Repetition and recency effects in word recognition [J]. Australian Journal of Psychology, 1983, 35(3): 393 – 403.

[140] ONISHI K H, CHAMBERS K E, FISHER C. Learning phonotactic constraints from brief auditory experience [J]. Cognition, 2002, 83(1): B13 – B23.

[141] PAPI M. Motivation as quality: Regulatory fit effects on incidental vocabulary learning[J]. Studies in Second Language Acquisition, 2018,40(4): 707 – 730.

[142] PETERS E, WEBB S. Incidental vocabulary acquisition through viewing L2 television and factors that affect learning [J]. Studies in Second Language Acquisition, 2018, 40(3): 551 – 577.

[143] PIERREHUMBERT J. Phonological and phonetic representation [J]. Journal of Phonetics, 1990,18(3): 375 – 394.

[144] PILOTTI M, BERGMAN E T, GALLO D A, et al. Direct comparison of auditory implicit memory tests [J]. Psychonomic Bulletin & Review, 2000, 7(2): 347 – 353.

[145] PILOTTI M, BEYER T. Perceptual and lexical components of auditory repetition priming in young and older adults [J]. Memory & Cognition, 2002, 30 (2): 226 – 236.

[146] PISONI D B. Word identification in noise [J]. Language and Cognitive Processes, 1996,11(6): 681 – 688.

[147] PISONI D B. Some thoughts on "normalization" in speech perception [A]. In JOHNSON K, MULLENNIX J W. Talker Variability in Speech Processing [C]. San Diego: Academic Press, 1997: 9 – 32.

[148] POLDRACK R A, CLARK J, PARÉ-BLAGOEV E A, et al. Interactive memory systems in the human brain [J]. Nature, 2001, 414(6863), 546 – 550.

[149] POTTER M C, SO K F, VON ECKARDT B, et al. Lexical and conceptual representation in beginning and more proficient bilinguals [J]. Journal of Verbal Learning & Verbal Behavior, 1984, 23(1): 23 – 38.

[150] Psychological Software Tools. E-Prime 2. 0 professional. [Computer Software]. Pittsburgh, PA: Author. 2012.

[151] PULIDO D. Modeling the role of second language proficiency and topic familiarity in second language incidental vocabulary acquisition through reading [J]. Language Learning, 2003, 53(2): 233 – 284.

[152] RAPPOLD V A, HASHTROUDI S. Does organization improve priming [J]? Journal of Experimental Psychology: Learning, Memory and Cognition, 1991, 17(1): 103 – 114.

[153] REBER A S. Implicit learning of artificial grammars [J]. Journal of Verbal Learning and Verbal Behavior, 1967, 6(6): 855 – 863.

[154] RIDDOCH M J, HUMPHREYS G W, COLTHEART M, et al. Semantic systems or system? Neuropsychological evidence re-examined [J]. Cognitive Neuropsychology, 1988, 5(1): 3 – 25.

[155] ROEDIGER H L. Implicit memory: Retention without remembering [J]. American Psychologist, 1990, 45(9): 1043 – 1056.

[156] ROEDIGER H L, BLAXTON T A. Effects of varying modality, surface features and retention interval on priming in word fragment completion [J]. Memory & Cognition, 1987, 15(5): 379 – 388.

[157] ROEDIGER H L, MCDERMOTT K B. Depression and implicit memory: A commentary [J]. Journal of Abnormal Psychology, 1992, 101(3): 587 – 591.

[158] ROEDIGER H L, WELDON M S, STADLER M L, et al. Direct comparison of two implicit memory tests: Word fragment and word stem completion [J]. Journal of Experimental Psychology: Learning, Memory and Cognition, 1992, 18(6): 1251 – 1269.

[159] ROEDIGER H L, ZAROMB F M, BUTLER A C. The role of repeated retrieval in shaping collective memory [A]. In BOYER P, WERTSCH J V. Memory in Mind and Culture [C]. Cambridge: Cambridge University Press, 2009: 29 – 58.

[160] ROHRMEIER M, REBUSCHAT P. Implicit learning and acquisition of music [J]. Topics in Cognitive Science, 2012, 4(4): 525 – 553.

[161] ROST M. Teaching and Researching Listening [M]. London: Longman, 2001.

[162] RUMELHART D E, NORMAN D A. Representation in memory [A]. In ATKINSON R C, HERRNSTEIN R J, LINDZEY G, LUCE R D. Stevens' Handbook of Experimental Psychology, 2nd edition [C]. New York: Wiley, 1988.

[163] RYALLS B O, PISONI D B. The developmental course of talker normalization in pre-school children [J]. Developmental Psychology, 1997, 33: 441 – 452.

[164] SAFFRAN J R, JOHNSON E K, ASLIN R N, et al. Statistical learning of tone sequences by human infants and adults [J]. Cognition, 1999, 70(1): 27 – 52.

[165] SANDERS A F. Elements of Human Performance: Reaction Processes and Attention in Human Skill [M]. Lawrence Erlbaum Associates, Publishers, Mahwah, New Jersey, 1998.

[166] SCHACTER D L. Implicit memory: history and current status [J]. Journal of Experimental Psychology: Learning, Memory, and Cognition, 1987, 13(3): 501 – 518.

[167] SCHACTER D L. Priming and multiple memory systems: Perceptual mechanisms of implicit memory [A]. In SCHACTER D L, TULVING E. Memory Systems [C]. Cambridge, MA: MIT Press, 1994: 233 – 268.

[168] SCHACTER D L, BOWERS J, BOOKER J. Intention, awareness, and implicit memory: The retrieval intentionality criterion [A]. In LEWANDOWSKY S, DUNN J C, KIRSNER, K. Implicit Memory: Theoretical Issues [C]. Hillsdale, NJ: Lawrence Erlbaum Associates Inc, 1989: 47 – 65.

[169] SCHACTER D L, CHURCH B A. Auditory priming and explicit memory for words and voices [J]. Journal of Experimental Psychology: Learning, Memory, &

Cognition, 1992, 18(5): 915 – 930.

[170] SCHACTER D L, CHURCH B, TREADWELL J. Implicit memory in amnesic patients: Evidence for spared auditory priming [J]. Psychological Science, 1994, 5(1): 20 – 25.

[171] SCHNEIDER W, ESCHMAN A, ZUCCOLOTTO A. E-prime Getting Started Guide [M]. Psychology Software Tools, Inc. Learning Research and Development Center, University of Pittsburgh, 2007.

[172] SHEFFERT S M. Voice-specificity effects on auditory word priming [J]. Memory and Cognition, 1998, 26(3): 591 – 598.

[173] SINGLETON D. How integrated is the integrated mental lexicon [A]? In LENGYEL Z, NAVRACSICS. Second Language Lexical Processes. Applied Linguistics and Psycholinguistic Perspectives[C]. Clevedon, UK: Multilingual Matters, 2007: 3 – 16.

[174] SKINNER B F. Verbal Behaviour [M]. Eaglewood, Cliff, NJ: PrenticeHall, 1957.

[175] SMITH A, BRICE C, LEACH A, et al. Effects of upper respiratory tract illnesses in a working population [J]. Ergonomics, 2004, 47(4): 363 – 369.

[176] SMITH F. Understanding Reading [M]. NewYork: Holt, Rinehart, and Winston, 1982.

[177] SMITH M C. On the recruitment of semantic information for word fragment completion: Evidence from bilingual priming [J]. Journal of Experimental Psychology: Learning, Memory and Cognition, 1991, 17(2): 234 – 244.

[178] SQUIRE L R, COHEN N J. Human memory and amnesia [A]. In MCGAUGH J, LYNCH G, WEINBERGER N. Proceedings of the Conference on the Neurobiology of Learning and Memory [C]. New York: Guilford Press, 1984: 3 – 64.

[179] SQUIRE L R, ZOLA S M, Squire L R, et al. Structure and function of declarative and nondeclarative memory systems[J]. Proceedings of the National Academy of Sciences, 1996, 93(24): 13515 – 13522.

[180] SRINIVAS K, ROEDIGER H L. Classifying implicit memory tests: Category association and anagram solution [J]. Journal of Memory and Language, 1990, 29(4): 389 – 412.

[181] STORKEL H L, MORRISETTE M L. The lexicon and phonology: Interactions in language acquisition [J]. Language, Speech, and Hearing Services in the Schools, 2002(33): 24 – 37.

[182] SUTHERLAND D, GILLON G T. Assessment of phonological representations in children with speech impairment [J]. Language, Speech, and Hearing Services in Schools, 2005(4): 294 – 307.

[183] Szmigiera S, ZMIGIERA M. The most spoken languages worldwide in 2022 [EB/OL]. https://www. statista. com/statistics/266808/the-most-spoken-languages-worldwide/.

[184] TENG F. The effects of context and word exposure frequency on incidental vocabulary acquisition and retention through reading[J]. The Language Learning Journal, 2019, 47(2): 145 - 158.

[185] THORNDIKE E L. Human Learning [M]. New York: Century. Paperback ed. , Cambridge: MIT Press, 1996.

[186] TRIMMEL M, POELZL G. Impact of background noise on reaction time and brain DC potential changes of VDT-based spatial attention [J]. Ergonomics, 2006, 49(2): 202 - 209.

[187] TROFIMOVICH P. Second Language Speech Learning: An Investigation of Auditory Word Priming [D]. UMI. Urbana-Champaign: University of Illinois, 2003.

[188] TROFIMOVICH P. Spoken-word processing in native and second languages: An investigation of auditory word priming [J]. Applied Psycholinguistics, 2005, 26 (4): 479 - 504.

[189] TROFIMOVICH P. What do second language listeners know about spoken words? Effects of experience and attention in spoken word processing [J]. Journal of Psycholinguistic Research, 2008, 37(5): 309 - 329.

[190] TROFIMOVICH P, GATBONTON E. Repetition and focus on form in EFL Spanish word processing: Implications for pronunciation instruction [J]. The Modern Language Journal, 2006, 90(4): 519 - 535.

[191] TULVING E. Elements of Episodic Memory [M]. Oxford: The Clarendon Press. 1983.

[192] TULVING E. Memory and consciousness [J]. Canadian Psychology, 1985, 26 (1): 1 - 12.

[193] TULVING E, CRAIK F I M. The Oxford Handbook of Memory [C]. New York, NY, US: Oxford University Press, 2000.

[194] TULVING E, SCHACTER D L. Priming and human memory systems [J]. Science, 1990, 247(4940): 301 - 306.

[195] TYLER L K, VOICE J K, MOSS H E. The interaction of meaning and sound in spoken word recognition [J]. Psychonomic Bulletin and Review, 2000, 7(2): 320 - 326.

[196] VANDERGRIFT L. Recent developments in second and foreign language listening comprehension research [J]. Language Teaching, 2007, 40(3): 191 - 210.

[197] VISSER I M, RAIJMAKERS E J, MOLENAAR P C M. Characterizing

sequence knowledge using online measures and hidden Markov models [J]. Memory and Cognition, 2007, 35(6): 1502 - 1517.

[198] VITEVITCH M S. The influence of phonological similarity neighborhoods on speech production [J]. Journal of Experimental Psychology: Learning, Memory and Cognition, 2002, 28(4): 735 - 747.

[199] VITEVITCH M S, LUCE P L. Probabilistic phonotactics and neighborhood activation in spoken word recognition [J]. Journal of Memory of Language, 1999, 40(3): 374 - 408.

[200] WARRINGTON E K. The selective impairment of semantic memory [J]. Quarterly Journal of Experimental Psychology, 1975, 27(4): 635 - 657.

[201] WARRINGTON E K, SHALLICE T. Word-form dyslexia [J]. Brain, 1980, 103(1): 99 - 112.

[202] WARRINGTON E K, WEISKRANTZ L. Amnesic syndrome: Consolidation or retrieval [J]. Nature, 1970, 228(5272): 628 - 630.

[203] WEBB S. A different perspective on the limitations of size and levels tests of written receptive vocabulary knowledge [J]. Studies in Second Language Acquisition, 2021, 43(2): 454 - 461.

[204] WELFORD A T. Choice reaction time: Basic concepts[A]. In WELFORD A T. Reaction Times [C]. Academic Press, New York, 1980: 73 - 128.

[205] WOODWARD A L, MARKMAN E M. Early word learning [A]. In DAMON W, KUHN D, SIEGLER R. Handbook of Child Psychology, Volume 2: Cognition, Perception and Language [C]. New York: John Wiley and Sons, 1997: 371 - 420.

[206] 常辉,郑丽娜. 二语动词规则形式与不规则形式的大脑表征研究[J]. 现代外语, 2008,31(04):415 - 422.

[207] 陈艳艳,张萍. 语义和主题聚类呈现对英语词汇联想反应的影响[J]. 外语界, 2018,189(06): 61 - 69+78.

[208] 董洪兰,孙玮. 内隐记忆及其对学生英语词语学习的启示[J]. 辽宁师范大学学报, 2011,34(03):54 - 56.

[209] 何其莘,王敏,金利民, 等. 英语中级听力 2[M]. 北京:北京外语音像出版社, 2003.

[210] 黄发杰,孟迎芳,邵丹妮. 提取干扰对知觉和概念启动的影响[J]. 心理科学,2020, 43(06): 1289 - 1295.

[211] 黄亚洲. 加工水平对听觉内隐记忆的影响研究[J]. 贺州学院学报,2019,35(02): 158 - 164.

[212] 姜帆. 母语语音迁移对外语词语听辨和口语产出的影响[J]. 解放军外国语学院学报,2016,39(05): 106 - 112+160.

[213] 姜帆,刘永兵. 外语词汇听觉内隐记忆与语境效应实验研究[J]. 现代外语,2014,

37(06)：826－835＋874.

[214] 姜帆,刘永兵.加工水平对外语词语听觉内隐记忆的影响研究[J].解放军外国语学院学报,2015,38(04)：67－73.

[215] 姜帆,刘永兵.听觉启动刺激具体性对外语词语音位表征的影响[J].现代外语,2015,38(04)：526－533＋584－585.

[216] 课程教材研究所英语课程教材研究开发中心、汤姆森学习出版集团.义务教育课程标准实验教科书英语("新目标")[M].北京：人民教育出版社,2005.

[217] 李海龙,王同顺.从歧义效应看中国英语学习者歧义词心理表征的发展[J].现代外语,2013,36(04)：380－386.

[218] 李美华.论内隐学习在二语习得中的作用[J].心理与行为研究,2008,6(04)：316－318.

[219] 刘绍龙,操维维,王柳琪.双语词汇表征类型及其翻译通达(方向/质量)效应研究——一项基于不同二语水平的实证调查[J].中国外语,2013,10(02)：34－41.

[220] 刘巍.英语水平与学习动机对词汇磨蚀影响的实证研究[J].天津外国语学院学报,2010,17(01)：74－80.

[221] 孙继平,孙秀丽.心理词库研究视角下的二语词汇习得——一项基于词汇联想网络体系的实证研究[J].外语研究,2014,143(01)：42－46.

[222] 孙思佳,孟海蓉.小学生英语词汇学习策略与学习动机的相关性研究[J].天津师范大学学报(基础教育版),2021,22(02)：40－44.

[223] 王云,刘新芳.汉英心理动词程式语语音表征对比研究——来自视觉掩蔽启动范式的证据[J].外语界,2018,186(03)：62－71.

[224]《现代汉语常用词表》课题组.现代汉语常用词表[M].北京：商务印书馆.

[225] 杨枫,吴诗玉.外语口语词汇加工中的跨语言语音干扰研究[J].外语教学与研究,2015,47(04)：559－572.

[226] 叶晓红,孟迎芳,林静远.提取干扰对内隐和外显记忆的差异化影响[J].宁波大学学报(教育科学版),2020,42(02)：120－126.

[227] 于翠红.词汇视、听觉协同发展对中国英语学习者听力信息加工成效的作用[J].现代外语,2013,36(04)：387－394.

[228] 于翠红,张拥政.关联语境视角下的二语词汇习得——一项基于词汇语义认知的实证研究[J].现代外语,2012,35(03)：270－277.

[229] 张会平,刘永兵.英语介词学习与概念迁移——以常用介词搭配与类联接为例[J].外语教学与研究,2013,45(04)：568－580.

[230] 张萍,陈艳艳,陈颖园.语境类型对英语词汇联想反应的启动效应[J].外语教学,2018,39(03)：48－54.

[231] 张萍,方南.词频、语义和语言水平对英语搭配加工的影响[J].外语教学与研究,2020,52(04)：532－545＋640.